因為是爸媽，你值得輕鬆快樂每一天

不需要多做什麼，只要改變觀念和方法

K.J. 戴爾安東尼亞 著
K.J. Dell'Antonia
沈聿德 譯

How to Be A Happier Parent
RAISING A FAMILY, HAVING A LIFE, AND LOVING (ALMOST) EVERY MINUTE

目錄

—推薦序—

不只是另一本教養書

曾多聞

每個月，我的桌上至少會出現三本關於教養的新書。人們說養育孩子需要一個村莊的力量，我常常覺得養育孩子似乎需要一整個圖書館的知識。身為一個經常以教養、教育為寫作題材的記者，我當然會說教養知識很重要。但同時，我也想說：相信自己養育孩子的能力、做一個快樂的父母更重要。

《因為是爸媽，你值得輕鬆快樂每一天》就是這樣一本書。它能夠在堆積如山的教養新書中抓住一個教育記者的視線、不只是另一本教養書、還是一本啦啦隊書，告訴天下父母你可以、也應該快樂，鼓舞天下父母相信自己，在教養的路上快樂前行。

做一個快樂的父母，到底有多重要？

我還記得，小時候，我的志願是當一個職業婦女。其實我根本不知道自己長大以後要幹什麼，我只知道我不想結婚，也不想生小孩。當時在我小小的心眼裡，女人結婚、生小孩、變成媽媽，是世界上最不快樂的事，因為我的媽媽就是我所認識的最不快樂的大人。天下沒有不愛父母的孩子；正因如此，父母的情緒很容易感染小孩。我可以感覺到媽媽總是不高興；當我鼓起勇氣問她為什麼不高興時，她會生氣地說她沒有不高興，她很快樂。這讓我疑惑不已。我並非不愛媽媽，但卻一直無法與媽媽親密。有很長一段時間，我對快樂感到罪惡，因為媽媽不快樂，我也不可以快樂。

很多年後，我方才在遙遠的回憶與深切的反省中明白，當爸媽也可以快樂，也應該快樂；我的媽媽不快樂就只是我的媽媽不快樂，並非天下媽媽都不快樂。我的媽媽缺乏的是一張「爸媽可以快樂」的許可，和一份「爸媽如何快樂」的指南，而這正是這本書提供的。

本書作者戴爾安東尼亞告訴我們，不快樂的父母，養不出樂觀的孩子。我們都想要孩子樂觀、享受挑戰、發揮潛力，相信自己能應付任何情況；一定要對自己充滿信心、最好對未來充滿希望。我們有很多理由教育子女成為樂觀的孩子、樂觀的大人：樂觀的人更有韌性，他們在事業上更成功，健康狀況更好、更長壽，對親密關係更滿足。樂觀讓人在逆境中茁壯，悲觀使人在壓力中頹敗。戴爾安東尼亞寫道：「我想給孩子一個充滿希望的、樂觀的前景。」多數家長也是如此希望。而我們要養出樂觀的孩子，第一步就是讓自己成為快樂的爸媽。

寫這篇推薦序的時候，正值盛夏，我的兩個孩子也正在放暑假。受到這本書的啟發，今年我第一次嘗試在夏天少接一些工作，多陪伴孩子，而且不是幫他們看功課的那種陪伴，而是在院子裡搭帳篷、陪他們躺在地上看雲閒聊的那種陪伴。暫時拋開關於作業、作息的種種規定，享受家庭時間以及夏天該有的「樂子」（詳見本書第八及第九章），聽他們講那些對他們而言很重要但在我聽來很無聊的大小事、對世界種種令我啼笑皆非的看法，還有那些我知道很快就會過去的小煩惱。此間樂，真是妙不可言。我非常希望所有有緣看到這本書的爸媽，都能加入我，享受這些樂趣。

身為爸媽，我們都不完美。這本書並不是告訴我們如何更完美，而是告訴我們如何更快樂，更相信自己，更享受育兒的過程。鄭重推薦《因為是爸媽，你值得輕鬆快樂每一天》給天下期待自己更完美的父母。

—專訪本書作者—

可是，當爸媽就是要快樂啊！

曾多聞

去年，當我得知戴爾安東尼亞出版新書《因為是爸媽，你值得輕鬆快樂每一天》，立刻就向「字畝文化」的季眉社長通風報信。因為，我覺得一定要把這本書介紹給國內的讀者。

戴爾安東尼亞曾經是《紐約時報》《母職》（*Motherlode*）電子報的主編，而我就是在她當主編期間成為紐時《母職》電子報的忠實讀者。每週閱讀她寫的編輯筆記，我得到一種印象：「戴爾安東尼亞一定是個快樂的媽媽！」當我讀到本書簡介中這句話「難道教養孩子只能當個討人厭的爸媽」時，真是大吃一驚！

於是，我把握本書中文版出版前夕進行作者專訪的機會，與戴爾安東尼亞討論，她是怎麼調整心態，從一個常常覺得教養很討厭的媽媽，成為一個快樂的媽媽。

曾：您什麼時候開始覺得「教養可以很好玩」？是什麼激發了您這樣的想法？

戴：老實說，我一開始是想「這應該要很好玩啊」！但是我採訪的家長似乎都覺得教養令人壓力很大。所以我開始想，為什麼這不好玩呢？是因為期待太高？圍繞著我們所做的每件事？身邊的每個人所產生的焦慮？為了指導孩子負起責任、甚至只是行為合理而產生的掙扎？還有洗不完的碗盤？另外，還有來自其他家長或教養專家的各種建議。

曾：但教養一定有些好玩的地方吧？您有四個孩子。我想像，如果教養工作真那麼討人厭，您在第一個孩子之後就會打退堂鼓了吧？所以，在您心目中，教養孩子最有趣的部分是什麼呢？

戴：我想你要問的應該是教養最「不」有趣的部分是什麼吧？就像我說的，擔憂我們是不是夠好的爸媽、不確定自己該怎麼做、還有那麼多的工作，有些是非做不可的，例如讓孩子吃飽穿暖，還有些是我們自找的，例如一定要幫孩子做功課！一定要帶他們去踢足球！一定要幫他們報名鋼琴課！

曾：加州大學河濱分校最近研究顯示，爸爸比媽媽更快樂。研究員認為這是因為爸爸享受跟孩子玩耍，而媽媽更專注管教孩子。您的看法呢？

戴：我覺得爸媽當中，常常會有一人掉進扮演「成年人」這個角色的陷阱，而另外一個人就扮演那個更有趣的人，得以更享受育兒生活。媽媽們比爸爸們更經常因情緒驅使而扮演成年人角色，去制定並執行規矩。我想，扮演成年人角色的一方，應該要選擇一樣自己不想管的事情——例如說「我不管孩子參不參加體育賽事，我也不會要求他們」或者「孩子的功課是他們自己的事，不是我的」，那麼或者另一方就會接手去管這件事。或者你們兩個人會同時發現，這件事本來就沒那麼重要。我們當爸媽的常常都對自己太嚴厲了。

曾：寫完這本書以後，您覺得自己現在是一個更快樂的媽媽了嗎？

戴：是的！我花了很多時間去觀察平凡的時刻有多棒，這讓我在那些時刻快樂，也讓我在不快樂的時刻能有些快樂的事情去想。我也學會了不要把時間表排得那麼滿，所以我們有更多輕鬆的時光。對某些孩子想做、但對我來說有困難的活動，我可以說不，而不會感到有罪惡感；我也不再勉強自己為孩子安排活動，同時卻唉聲嘆氣。我可以示範給孩子看，如何做個快樂的人：專注提高自己的睡眠品質，而當我睡飽的時候，我的心情也更好。

曾：有沒有什麼話想對中文版的讀者說呢？

戴：我覺得華人爸媽比美國爸媽壓力更大，也許是因為在華人社會，孩子的兒少期對他們的成年後的生活影響更大。所以，對於面臨這些挑戰的爸媽，我建議你可以選擇生活中的一個方面，讓孩子為自己負責，而不必時時覺得自己責任那麼重大。如果你覺得在功課上幫助孩子很重要，那麼就讓孩子自己負責洗衣服，或者讓大孩子每週負責做一餐飯，讓小孩子自己收拾書包。你會覺得比較快樂，因為你不用再做那麼多，而且看著孩子成長，也是一種樂趣。

我也感覺中華文化比美國文化更鼓勵母親把自己的需求放在孩子的需求之後。我鼓勵母親們，尤其是家有女兒的母親們，想想看：這是你想要做給孩子看的榜樣嗎？你要讓你的孩子覺得，一旦做了父母，就不能再照顧自己嗎？偶爾把自己的需求放在孩子的需求之前，這對孩子有好處。

我希望每個爸媽，都能在家庭之外找到一兩件讓自己快樂的事。家庭應該讓我們感到快樂，但我們也應該保有自己獨享的快樂。

各方好評推介

「寫得太棒了。這本書能讓爸媽安心面對教養困境，就算你無法百分百將全部注意力、時間、還有金錢都花在孩子身上，但你還是可以根據輕重緩急調整步伐，讓自己和全家人更快樂。」——《芝加哥論壇報》（*The Chicago Tribune*）

「這本書以輕快文字和章節安排，跟讀者分享她的知識，讓爸媽在照顧學步小娃，和處理自己的崩潰情緒之間，能夠輕鬆找回自己。」——《洛杉磯時報》（*Los Angeles Times*）

「教養專家戴爾安東尼亞幽默風趣地提出明智務實的建議，來幫助所有父母面對各種棘手的管教議題，例如分攤家務、家庭作業、手足爭吵、三C產品，而且這些方法她都一一測試過。」——葛瑞琴・魯賓（Gretchen Rubin，《紐約時報》暢銷書《過得還不錯的一年》作者）

「讀這本書，就像在進行冥想；作者就像耳邊那個能安撫你我的聲音，她同時也代表了智慧、真誠、希望。我唯一的遺憾就是我家兒子還小的時候，我床邊沒有這本書，否則我們碰到的阻礙跟災難會少很多很多。」——麗莎．貝爾金（Lisa Belkin，《母職》電子報創辦人）

「這本書提供了切實、輕鬆實用的技巧，絕對可以讓昏頭轉向的爸媽安心。我好愛那些打破陳腐的箴言……我也非常喜歡她對於老掉牙的教養困境所提出的新看法。太妙了！」——溫蒂．莫潔爾（Wendy Mogel，《孩子需要的九種福分》和《好好和孩子說話，創造零距離對話》作者）

「戴爾安東尼亞對家庭生活的整體情境瞭若指掌，而且，她還發掘出穿越重重阻礙的新辦法。閱讀這本書，一定會讓你更輕鬆面對教養難題，而且變成比較快樂的父母。」——麗莎．達摩兒（Lisa Damour，《紐約時報》暢銷書《少女心事解碼》作者）

「要當更快樂的爸媽，並非不可能——前提是必須了解教養路上會碰上什麼阻礙、必須做什麼樣的改變。本書作者對於教養的理論與現實全都瞭解，她透過真切的建議以及極為有趣的案例研究，幫助你成為自己理想中的爸媽。」——查爾斯．杜希格（Charles Duhigg，《紐約時報》

暢銷書《習慣的力量》與《為什麼這樣工作會快、準、好》作者）

「《因為是爸媽，你值得輕鬆快樂每一天》是一本啟示錄。作者寫這本書，是為了幫助那些希望用愛引領孩子的爸媽，而非打擊他們的信心。我深深感念作者的直言不諱、真意誠心，尤其她還願意坦然分享自己犯下的過錯。」——潔西卡・蕾希（Jessica Lahey，《紐約時報》暢銷書《每一次挫折，都是成功的練習：失敗是給孩子最珍貴的禮物》作者）

《因為是爸媽，你值得輕鬆快樂每一天》

——不需要多做什麼，只要改變觀念和方法

——前言——

教養也可以很好玩

當了媽快十二年之後，我才開始問自己：難道教養孩子只能當個討人厭的爸媽？

我有四個孩子。這四個人類美好可愛、討人喜歡，但是很難溝通、不好搞定；他們經常爭吵不休，但也帶來驚喜連連。我估計自己還得再花十二年左右，才能結束這一個像打仗的家庭生活：包括當廚子、司機和清潔工，陪讀、陪玩、陪歡笑，以及所有老媽必須包辦的大小事。這些事占了我生命裡很大一部分。其中很多是我自己原本就期盼擁有的。我何其有幸能擁有這一切啊：我有遮風避雨的家、有運動休旅車、有洗衣機和烘衣機組，還有健康又愛我的孩子。我喜歡這一切。

只不過，以前我並不是這麼想的。上自洗衣摺衣、下至煮飯做菜、洗碗盤——每天工作量大得我快招架不住。孩子們有時候很可愛，但也經常讓人厭煩：他們會彼此吵架、也跟我吵架；每次我要他們做個簡單的小家事就拒絕；他們就算在表現最好時也只是差強人意而已，而且越來越糟。我們有太多日子都是在「趕趕趕」中度過的：老公跟我一大早就得起床，四處送小孩去接受各種所謂的教育活動或運動；然後當我們上完一整天班以後，又得開車接送孩子去不同的地方、弄東西給他們吃、照料他們、收拾善後。等這一切都忙完，我們又得花一小時去訂出隔天仍要繼續趕的瘋狂行程。連我們最後累攤在床上，都還要有氣無力地爭執一下誰今天過得比較糟。

就表面上來看，我們擁有想要的一切。但是，人就是會抱怨，只因為生活往往不是我們原先預想的那樣美好啊。這種感覺，就像我們去玩高空彈跳，或者有機會坐在小飛機的副駕駛座上，事前很興奮期待，真正體驗了以後就覺得「不如想像那麼美好」。只不過，教養可不是那些偶一為之的嘗鮮冒險，這可是我一輩子的志業啊。如果現實和我所期待的有所不同，那我就得找出辦法來扭轉情況才行。

在我開始思考為什麼自己的母職人生會有不滿足時，我清楚地知道：我不是唯一這麼想的人。早先我開始以家庭為主題寫作的那幾年間，先是替多家平面雜誌寫文章，隨後幫線上雜誌《石板》（*Slate*）寫稿，接著又在《紐約時報》經營《母職》電子報，然後成為該報家庭版的固定專欄。那十年裡，我訪問過幾百位家長。大部分人都覺得：快樂，比起他們預期的，還要難以達到。

同時，相關研究也不斷揭露，在我們這些已為人父母的族群內心，積壓了過多的壓力與不滿；就算是生活無虞（食、住、以及醫療等）而且不必擔心變故的家長也一樣。為什麼我們對於自己所選擇的生活會有這樣的集體挫敗感呢？按理說，現代社會提供了我們便利、豐足的生活，即使有糟糕的狀況發生，我們跟家人的相處也應該是一種安慰，而不是產生焦慮感的來源。但我卻對自己創造的人生不滿，而且，我看到身邊有許多父母也跟我一樣，惶惶不知怎麼辦才好。

因此，我開始想去找出父母們可以尋得「從此幸福快樂」的個別版本。找出原因：究竟什麼造成我們個人和集體的不快樂？而更重要的，我們該如何應對？並找出方法，為我們的日常生活帶來更多的歡喜和快樂。

我首先是去找我這些年建立的家長與教育人士社群。我問他們：**是什麼造成你不快樂？什麼時候你會覺得自己做的事或自己的處境，並不是自己想要的？**我讀了所有找得到的探討快樂的資訊。也閱讀了各種調查研究：包括「快樂與生活滿意度」、「時間運用與休閒」、「社群、晚餐、財富、擔任志工、睡眠」等等主題，直到我無意中讀到一篇把快樂跟天體主義連接起來的研究，我才驚覺自己該停下來了。不過，因為我還是有很多疑惑，所以我和福德漢姆大學（Fordham University）的馬修・瓦因辛克（Matthew Weinshenker）教授合作，因此開啟了我們自己的研究。我們想了解日常的親職工作（協助孩子的家庭作業、接送他們參加課後活動等等）如何影響爸媽的整體生活滿意度。我們針對全國各地一千名左右的家長進行調查，請他們說說身負親職之後，在放假、飲食這類事情上有何改變；我們還請他們深入思考、探掘出讓他們感到快樂與不快樂的原因為何。調查結果讓我相信，身為父母的我們，是可以過得更快樂的。這件事根本沒想像中那麼難。

想要更快樂，第一步是改變我們講述自身故事的角度——讓自己看見這趟養育家庭的冒險之旅和它所帶來的意義與雀躍，而不是去評量自己做得好不好。要變得更快樂的這種想法，本身就有增進快樂的效果。我們怎麼解讀自己的生活、怎麼（對他人、自己）講訴自身經歷，這些都會大大影響我們對自身經歷的看法，當我們的思維模式改變時，就更有能力看見並珍視現狀。

一旦改變後，我發現我又重新領會了許多箴言的意涵，那些箴言鼓勵我換個角度看事情，或用更大自信處理事情。我把那些箴言列在下一章〈進入正題之前〉。話說回來，正面思考雖然力量強大，但光有思想還是不夠，還必須改變做法。我們可以在自己的生活中增加一些會和快樂產生關連的事情——研究人員喜歡稱其為「親職效能感」（感覺就像我們對這件事挺在行，而這也是親職滿足感常用的衡量標準）。

大致上，比較快樂的那些爸媽有四件事情都會做得不錯：第一，他們會隨著孩子能力增強後，不再做太多干涉，轉而培養孩子的獨立；第二，他們不會把孩子的日常需求看得比自己的需求更重要；第三，他們會在日常經歷中找尋讓人開心的事；第四，他們知道什麼是重要的困擾，而什麼只不過是喧鬧憤恨罷了。

然而，這些都只是大而模糊的目標，當我調查研究快樂時，還發現大部分人比較擅長於做出特定的改變，比較不擅長完成廣泛又模糊的目標。於是，我們該如何將那些廣泛的大目標，拆解成能個別處理的單一小任務，進而創造出比較快樂的家庭生活藍圖呢？

因此，《因為是爸媽，你值得輕鬆快樂每一天》這本書裡的每一個章節，就是把重點放在爸媽的單一難題上。為了找出是哪些難題，我把自己和家人覺得最不好處理的事，都列了出來：例行晨務、督促孩子做作業、處理手足關係。接著，我從自己的調查研究尋找答案，然後我發現了一個驚人共通點——在「親職工作裡最不喜歡什麼」的這個開放式問題中，有將近三分之一家長的回答都跟「管教」有關：「執行規定，奪走特殊福利。」「我不喜歡自己必須懲罰孩子。」「管教。雖然我知道讓孩子承擔後果很重要，但是管教時通常很難作決定。」「我們明白必須教孩子注意言行，好符合家庭和社會的期待，可是我們真的不喜歡這麼做。」

那麼，我就從「管教」開始談起吧，然而，談完管教之後呢？「你寫這本書可不能沒討論螢幕時間吧，」《快樂家庭的祕密》（*The Secrets of Happy Families*）作者布魯斯・法伊勒（Bruce Feiler）這麼說道。「大家都想搞清楚這個耶。」

「那家事呢？」《紐約時報》家庭生活版的編輯這麼說。「可別說你家孩子每天早上上學之前會做家事哦。我們連叫孩子出門上課都很勉強了。」她以為我家的孩子每天早上會像《白雪公主》的小矮人那樣，快樂吹著口哨蹦蹦跳跳地走到我們家的穀倉工作——在糾正了她的美好想像之後，我答應她把「家事」寫進來。

除了親朋友好的點子，以及我那份正式的調查研究之外，我還加進了一個比較不正式的調查結果，我請幾千位家長寫下他們心中排名前三名的教養難題。我自己的前三名當中，有兩項（督促家庭作業和解決手足口角）也是很多人中的第一名，接著是螢幕時間、料理三餐、開車接送、「那麼多協商工作」、例行晨務、睡覺時間、課後活動、「幫學步幼兒穿衣」、規訓、家事、不尊重爸媽、缺乏睡眠。我把那兩個列表寫成章節標題，然後開始發揮。

對於書裡的每一個主題，我都是先敘述我自己和其他家長認為會出問題的地方：例如叫小孩起床、弄早餐給他們吃、幫他們著裝、趕在早上七點半以前出門（週間）——梳理這些看似直接明白的事情底下會有什麼樣困難。在我們的社會中，要同時兼顧養兒育女與賺錢養家是十分困難的，當每天就像一場跟時間表賽跑的競賽，而且時程還不是由我們自己訂的，那麼，要尋得快樂談何容易呢；話說回來，如果能了解我們要戰勝的對象是什麼，就可以幫助你我把那些辦得到的事加以改變，同時接受那些改變不了的事。

接著，針對以上難題，我們該怎麼應對？我把所有那些很難對付的問題都一一納入，並且跟其他家長、專家一起處理這些問題，找出有效的解決方式。例如，碰到孩子的家庭作業或他們在超市耍脾氣的時候，我們怎麼處置？我在探討從管教到放假的這些主題時，發現了一個模式。首先，我們需要改變想法。接下來，我們需要改變應對做法。然後每一章節的最後都會講到最基本的行動原則。例行晨務（或兄弟姊妹打架、螢幕時間的討價還價、還有吃飯時間等等）最讓人討厭了。**那麼，我們要怎麼做才能讓它好一點？**

《因為是爸媽，你值得輕鬆快樂每一天》不是我個人豐功偉績的回憶錄。差遠了。我跟大家一樣，還在日日學習該怎麼做。因此，這本書包含了我尋找快樂的故事，但它更是一本指南，引導你找出屬於你自己的那條路，而這當中的答案，絕對不會是「照著作者戴爾安東尼亞那樣做就好啦，因為她的人生最完美了啊！」要是我覺得自己對某件事情頗有一套，你會在書裡讀到我的做法。但比較常見的狀況是，我們一起來逐步理解、消化其他父母和家庭給的建議與想法，希望最終找出比較適合你的辦法，處理你最感棘手的事情。

要是你的生活裡存在著艱困的挑戰，你還是可以過得快樂一點。為了寫這本書，我訪談過有肢體障礙的家長、有藥物濫用或成癮記錄的爸媽，或是失去伴侶或小孩的父母。我跟家中小孩有身心疾病、學習障礙、或是其他問題的家長聊過，甚至跟失業或財務有困難的家長也聊過。有時候，狀況很艱難。我們夾在一顆大石頭和一片硬地之間進退維谷，外頭又濕又冷而且氣象預報說還要下雪，沒有人要你對這種狀況感到快樂滿足。但是話說回來，你早上還是要起床，小孩們還是需要帶午餐上學——還有還有，不論處境如何，他們還是會突如其來地給你一個擁抱。看他們學到新事物時你會感到開心，或者，在你最需要幫助的時候，他們會幫你一把，而你會因此感動得熱淚盈眶。

這就帶到我要說的另一個重點了。所謂更快樂，並不是最終目的。你不會在變成一個更加快樂家長之後便宣告功德圓滿了。我們為自己設下的目標，並不是要達成什麼成就。這些目標是動力。未來的某一天，要是你感覺一切變好了、更順利了，那麼，我們就會感到自己值得嘉獎，要繼續保持。因為，就算親職帶有最終目標（養育出能正常運作的大人），這本書談的，也不是怎麼達到那個目標。我的目的恰恰相反。這本書談的是：不要只想著趕快衝到終點。因為你身邊的一切皆是你所愛的，而你正身處其中啊。

在我進行那份問卷調查，要大家詳述自己身為父母碰到問題時，無意中，我讀到了這些抱怨：

孩子會長大。

只剩長途電話（來電次數不夠多）。

一個個都離家遠去了。

所以，現在這個時期——家人全都擠在一個屋子裡，彼此緊密生活的這段時期——是會結束的。在寫這本書的時候，我最大的孩子已經十五歲了；等各位讀者讀到這本書時，很有可能他已經決定好要上哪兒去讀大學了。

我們的家庭生活會改變的。光憑這一點，我們就該盡一切可能把當下的歲月過好，也好好過，因為它們遲早會成為過去。能滿足你我的家庭生活，並非遙不可及，而這跟教養出很棒的孩子、快快養大教他們成功，一點關係也沒有。重要的是那種真正的快樂：讓人歡欣企盼的快樂、為其而活的快樂、再三回味的快樂。

——進入正題之前——

十個箴言

在繼續往下談之前，我要先揭露這本書的結局（最起碼對我而言）我變得比較快樂了。當我開始應用自己學到的東西時，情況就變了。我的孩子們彼此相處得更好；當他們處不來時，我有能力處理得更好。

有一些難題的改進，是源於行事方法的改變，至於細節（概念啦、訣竅啦、還有解決辦法）接下來我會按照個別主題來談。不過，對我來說，很多的改變，不在於我做了什麼，而是我看待事情的方式改變。

在這趟旅程上，我發現自己不斷回頭思考幾個基本概念。有些是會一而再、再而三用上的基本原則，這些基本原則形塑了我的生活指導方針。當我有所懷疑、思考下一步該怎麼做，或是面對某件快讓我發狂的「危機」時，我就會回頭想想這些箴言。我希望，它們對你們也有相同作用。

你現在想要的，不見得是之後想要的。好多次，我都想著快點把事情解決掉：快點清理掉桌上孩子的碗盤；直接告訴他那道數學題的答案；寫封電子郵件給老師幫他紓困解圍……諸如此類的。不過，如果我當下做了那些事，那我的孩子就沒有得到教育，他們不會知道以後該怎麼處理那些事。短期來看，這意味著我要花很多時間做他們的事，而長期看來，這表示我都沒有給孩子們成長的機會。在教養上，大多時你必須得柿子挑硬的吃。

沒有什麼事出了錯。這句話來自我多年前讀過、非常帶有佛教思想的一本書（莎拉．蘇珊卡的《生活沒什麼大不了》〔*The Not So Big Life*, by Sarah Susanka〕）。按照作者的說法，過去事沒有什麼是錯的，未來事也不可能會出錯，因為，無論發生了什麼，都已經發生了，既然事已如此就無所謂對錯。

我沒辦法全然那樣相信（這也解釋了為什麼我不是佛教徒），但我發現，當事情**出錯**的時候，回過頭這麼想會感到安慰。孩子耍脾氣、工作上碰到難題、拉警報的青少年、生病、骨折……等等，基本上，情況幾乎都還算過得去吧。哲學家蒙田（Michel de Montaigne）就這麼說過：「我的人生一向充滿了蹇阨——只是大多沒有發生。」

所有人都會變，包括孩子，而且特別是孩子。說起把小問題看成大災禍，我可是一流的專家。只要碰上了某件不順心的事，我就會認為以後也絕對不會做好。他**以後都不會**喜歡上學。

她**永遠都不會**吃優格。那兩個傢伙**永遠都不會**好好相處。但這一點我幾乎沒有對過。挑食的人是會改進的。懶惰的學生也會受到鼓舞激勵。孩子們會學習。這可以說是重點。而且，我們要放手給他們機會學，而不是假定他們永遠不會進步。

你不需要進入他人的情緒裡。這句是我修改過的簡短說法，用意是提醒自己不要受到家人情緒的影響，不論是我女兒的小題大作或是我老公偶爾看什麼都不順眼的壞脾氣。這個領悟源自我的孩子不高興時會自己走進壁櫥、甩上門的那種舉動。雖然有時候我也需要「進衣櫥」陪女兒，不過，我並不需要進入她的情緒裡，何況，那樣做對我倆都不會有幫助。

你不需要目睹了什麼，就得有所回應。我不需要摻和每一場兄弟姊妹間的爭吵，或是糾正他們所有的小缺失——尤其是你的孩子那天如果已經過得很糟糕的話。很多時候，就因為我沒涉入其中才使得事情順利過去，而且就算我們偶而打個馬虎眼，孩子還是有可能學會到許多需要不斷提醒才能學會的事。

做你自己。我有朋友會跟他們的孩子一起做很多非常棒的事。他們會帶著孩子去進行幾百英里的越野滑雪露營之旅。他們到西班牙馬德里去住上一年。他們會蓋樹屋、到施膳中心當義工、一起排練吉他、砌石墻、去救援瀕危的海龜、舉辦桌遊競賽、帶著飼養的牛參展、推著他們的可麗餅餐車去參加農家市集。

這些，我都沒做過。重要的是，我並不想做這些事。我們做我們自己的事：有些聽起來跟上述的一樣精采，有些則不然，而這些都沒有對或錯。我自己不是巡迴馬戲團的雜耍演員，我就沒辦法把我的孩子養成巡迴馬戲團的雜耍演員，就算做了那些事可以讓孩子在申請大學時寫出一篇超棒的作文也一樣。由此可推，**你不可能什麼事都做**。

孩子不開心的時候，你還是可以很快樂。沒看到《湯瑪士小火車》電視卡通的人不是我。家庭作業不是我的。球隊不是我的。大學申請資料不是我的。雖然我們的小孩會因此沮喪失落。雖然他們會做出糟糕的決定。其他人會害慘他們。幸運之神不會永遠眷顧他們。我們有時候會替他們難過。有時候，我們會天人交戰，克制不說出「我早就告訴過你了」這樣的話。

但無論怎樣，我們仍可以保持內心的平衡。我們對孩子的同情和同理，並不意味著在孩子感覺世界垮掉時，我們的世界也跟著垮掉。孩子通常欠缺一項我們擁有的東西：事物的思考面向。我們知道什麼是大事，什麼不算。布芮妮．布朗（Brene Brown）在《勇氣的力量》（*Rising Strong*）一書裡提到，我們需要得到允許才能感受情緒。這則箴言就是允許你以淡定的心情去理解孩子的感受，提供你的孩子所需的距離，讓她在體會自己情緒時，不必覺得還要對你的情緒負責。

一旦決定要做什麼，就去做吧。做為爸媽，可能有很多舉棋不定的事要解決。該不該看電視？能不能給孩子糖果？零食呢？能不能養兔子？孩子要去人家家裡過夜行嗎？可以買電動滑板嗎？可以讓孩子看恐怖片嗎？讓他們去聽音樂會呢？我們需要衡量很多選項。我們會反覆考慮。我們會想來想去，有時候，容易想過頭了。所以，**一旦決定要做什麼，就做吧**——這句箴言提醒著我，這些大多都不是會改變人生的決定。同時，它還提醒我要主動下決定，然後堅持自己的決定，而不要想都沒想就給答案，或者小孩一央求就讓步。

你不必每次都做對。事實上，你也不可能每次都做對。甚至你本來就不應該每次都做對。沒有人應該如此。偶爾，當你希望自己可以冷靜的時候，卻大吼大叫。你會怪罪無辜的孩子，卻讓犯錯的那個全身而退。你會幫太多忙，或者忙幫得太少。你會帶錯孩子去看牙醫，你會投自動販賣機買晚餐，而你會了解，不見得永遠都有「正確」的選擇。然後，明天還會有另一次機會。

充分享受正能量。這句箴言跟其他的不同，**充分享受正能量**提醒我要去做自己想做的事，而不是避開自己不想做的事。瑞克・韓森（Rick Hanson，你們之後會在本書中讀到更多他的理念）在他的著作《大腦快樂工程》中描述，按照人類的神經運作，本來就會比較看重負面的經歷而不是正面的經歷，這是因為記得避開老虎，比記住某個樹叢上的莓果最甜，更為重要。

他說，如果我們訓練自己的大腦縱情享受正能量，我們就可以變得更快樂。韓森是一名神經心理家，根據他的研究，辨識何時事情順利、同時想辦法好好享受那種感覺，能將多巴胺（dopamine）傳導到大腦的杏仁核（amygdala），協助杏仁核發出想要更多多巴胺的訊號，進而尋求更多的多巴胺。總之，你越**充分享受正能量**，就越會看到可以好好享受的好事，而你的大腦就越能處在泰然而正面的狀態之下。

多虧了韓森，我一直以來都會停下腳步，好好享受那些哪怕是最簡單不過的好時光。例如：大家都在車上閒聊，沒人吵架；外頭陽光明媚，而我的孩子們開心興奮地在分享著下午要做什麼。就算事情不完全很順的時候，這句箴言也管用——例如：當我的某個小孩帶著問題或一臉沮喪向我求助時，就算我只是抱著他跟他坐著聊聊天，一部分的我也很享受那個當下。

—第 **1** 章—

早晨是可怕的戰鬥時光

對我家來說，晨間時光最讓人頭痛。我們家帶頭的兩個大人是夜貓子，但人口主力是四個小孩。他們就算在最乖最配合的時候，動作就已經夠慢了，更何況他們還很容易因為無意間發現壁櫥裡有一個溜溜球，而又拖延了二十分鐘。我們的早晨，總是開始得太早，又過得太快、太趕，中間還參雜了無數碎碎唸：「學校要我們〇〇啊」、「我的〇〇呢」，以及一大堆鬧鐘的稍後提醒鍵和好幾所學校的遲到鈴聲。

等一下，我應該要用更正面的說法來描述它才對。我應該說，例行晨務**很有挑戰性**。「很有挑戰性」這字眼很美好，暗示了一種躍躍欲試的精神，讓人張開雙臂來迎接一天。它更讓你我保持精神，將快樂重新帶回家庭生活。

成為父母以後，我有很多事都跟著改變，尤其是早晨時光。那些熬夜到兩點才睡、一覺到中午的日子，或是算準了不會遲到而睡到最後一刻才起床的日子，這些都成為過去式。如今，我們不僅得早早起床，還要早到可以叫其他的人起床、替他們做完他們自己沒辦法做的事、協助他們學會自己起床做準備。更糟糕的是，過程中我們還得保持從容，一來是為了讓所有人的一天有個美好的開始，二來是以身作則當孩子的好模範：因為氣沖沖地跺腳以及邊做事邊大吼，只會讓一切更糟。

早上的問題出在哪裡？（其實，一切都不對勁……）

要讓你自己和全家人在早晨快快動起來，這過程可真不簡單。每天早上，家長們要應付的事情可多著呢。那麼有什麼事情容易出錯呢？有些人會回答：「很早就得開始」、「外面好冷而且天都還沒亮」、「我頭腦都還沒清醒卻得準備醒腦的咖啡」、「要催大家」、「高中七點鐘上課」、「小學七點四十五分上課」、「孩子哀哀叫」、「我家小孩不管怎樣早上五點就會起床」……。總之，從天氣到孩子，好像一切都在跟我們作對。而且我們前一晚總是沒睡飽，怎麼應付又一個黎明啊。

睡眠不足是個大問題，不過，這肯定不是唯一的問題。對爸媽來說，早晨充滿了各種挑戰：總是不停在動作、得一心多用、好多要記住的事，還有截止時間、時間限制、以及我們無法控制的人或場所的遲到規定。

更別說孩子了。年幼的孩子總是讓你明白，要求他們準時有多麼傻。對一個作息無法改變、一放到汽車兒童座椅上就會馬上拉屎在尿布裡的娃娃而言，時間毫無意義。而有分離焦慮情結的學步幼兒，根本不在乎你上班得要打卡。至於年紀稍大一點的孩子，也許會讓你誤以為她能了解遲到會被老師記錄、甚至老師不喜歡她打鐘之後才慌忙跑進班上加入晨圈（morning circle）[1]，不過，這和她剛剛在廚房地板發現的塑膠綿羊娃娃所散發的誘惑，根本不能比，因為啊，綿羊娃娃好想加入它所屬的羊群，而她很確定其他的綿羊被她放在床下某處，或者在洗衣間。

中年級以上兒童和青少年會有的問題往往和團體要求有關，這種狀況爸媽們自己也會發生，只不過，我們也許還能及時完成一切，他們可是連那樣的能力都沒有。有人總是忘記把作業列印出來；有人完全忘了寫作業。你的女兒沒有事先把該裝進袋子裡的東西收拾好；你的兒

1 譯注：美國幼稚園課堂教學方式的一種，老師會和孩子們一起坐下圍成一圈，進行教學活動。

子真的相信自己出門趕公車前花個三十秒就能準備一份豐盛的三明治。你已經不止一百次指導他們例行晨務的流程，但你還得再教一百次，他們才能勉強掌握原則，不過在這同時，你自己還得趕上九點開會，而會議場上可沒人想聽你這些遲到的理由。

早晨是有辦法改進的，即使是那些天生晚起，而且不具備家事超能力的父母，還是能找到方法面對讓人抓狂的早晨。研究人員和專家提出數據資料說服我們，只要做一些改變，就能改善這一切。其中一個重點就是：得從前一晚就開始。

該怎麼改變我們的看法？

✓對於例行晨務，我們能做的最大改變

床鋪。對大一點的孩子、青少年，還有成年人來說，床鋪是清早最誘人的地方──雖然這也是我們某些人晚上最不想去的地方。上床睡覺難，叫其他人去睡覺也難。結果，我們越晚上床睡覺，早上就越痛苦。

大大小小的事都會一點一滴吃掉我們的就寢時間：從我們拖到最後一分鐘才不得不去完成的工作，一直到我們想利用睡前殘餘時間去做自己想做的事。當孩子還小的時候，哄他們上床、幫他們蓋好被子，之後便是我們大人自己的時間。如果你有伴侶的話，那就是你跟伴侶相處的時間。那也是你自己的時間，可以做事、或是不被干擾地閱讀一本書的機會。但隨著我們孩子年紀增長，他們開始會感受到同樣的挫折。尤其是如果他們的回家功課很多，或甚至是放學後忙著自己喜歡的事，他們也會感覺：怎麼才剛剛有屬於自己的時間，就得上床睡覺了；或者，他們睡眠不足。

怎樣才算「睡眠充足」呢？雖然每個人所需的睡眠時數確實有差異，但是遠遠沒有我們想的那麼不同。對大人來說，睡眠七個小時比較能維持身心的最佳狀態；小孩子和青少年所需的睡眠比成人長：學步幼兒以及學齡前的孩子需要十一到十三個小時；年紀小一點的學齡孩童則需要十個小時；青少年需要九到十個小時。睡眠時數，對成績、健康、行為還有整體生活品質，都會造成差異。更多的睡眠意味著更快樂的家長、孩子、青少年。

即使有那麼多研究指出，我們必須準時關燈睡覺，但大多數人在執行上還是有困難。所以，我們該如何改變呢？

✓說服你的孩子多睡一點

如果你家孩子的就寢時間比較晚，那你更得好好計算，他們關燈上床之後還能睡多久。而且，這可能意味著你接下來的幾週都得更嚴格要求就寢時間，並養成或重新養成提前一點的日常作息。晚飯早一點吃、洗澡水早一點放，或者縮短家庭的夜晚時間。這些都十分不容易（要是你或你的伴侶經常工作到很晚，要提前完成這些更是困難）。但是，這麼做對於例行晨務所帶來的好處很大，而且長期來看更是不得了。

那該如何做呢？首先是改變你跟孩子談論睡眠以及就寢時間的說法，這能幫助孩子改變睡眠習慣。研究學齡前兒童和七年級學生的人員發現，針對這兩組研究對象，讓他們理解睡眠的價值，大多能幫助他們獲得更多睡眠。爸媽往往只會用「必須」這樣的字眼來描述就寢時間，例如「你現在必須上床睡覺了。」對小小孩來說，睡覺這件事意味著他們要犧牲一個好玩、開心又有伴兒的外在世界，卻只能換來一間又暗又孤單的房間，而年級大一點的孩子則跟我們大人碰到同樣的問題。他們晚上總算把家庭作業做完了，很想做點自己想要的事。如果去就寢，就表示隔天早晨、上學等等這些例行事務會早點來到。

研究人員發明了一套課程給學齡前幼童，包含教導他們利用一套例行作息來哄泰迪熊娃娃睡覺，並和他們談論睡眠的重要性以及人的例行作息。研究人員教導孩子們，更充足的睡眠可以讓他們更開心、對與人相處也有幫助。另外，他們還給幼兒們一份就寢時間圖表以及貼紙，讓幼兒們用來追蹤自己的例行作息。這份設計同時也涵蓋了給老師與家長的睡眠教育。經過一個月之後，即使爸媽們已經把睡眠教育忘得差不多了，但小孩們每晚的平均睡眠時間卻多了半個小時。

同一批研究人員也設計了一套課程給七年級學生，讓他們明白缺乏睡眠可能會影響他們的成績、情緒、健康、還有人際關係。研究人員以基本的睡眠衛生為題，教導他們就寢儀式、睡眠時間和甦醒時間的一致性、燈必須全關掉，以及傍晚或晚間避免攝取咖啡因等等。那些學生們在恢復原先的習慣之前，有將近一年的時間都保持了比較好的睡眠時間和睡眠品質。

這些研究讓父母明白，我們討論睡眠的方式以及讓小孩理解睡眠的好處，是非常重要的。我們可以養成自己的睡眠習慣、維持它，並跟孩子談論自己如何放棄了夜晚時光以換取更好的早晨。我們還可以提出自己所觀察到的，缺乏睡眠對自己和對孩子所造成的影響，同時擬出一份改進計劃。雖然孩子們難免要經過一番拖拉才會跳上床睡覺，但早睡真的有差。

爸媽很容易過於容忍青少年從事那些會干擾睡眠、但似乎有助於孩子達成其他目標的活動，例如讀書或運動練習。但這是短視近利的行為。孩子們熬夜惡補考試或上課日晚上排練到深夜時，我們不該視而不見，而應該提醒孩子，更充足的睡眠意味著更好的學業表現，並協助他們將唸書的工作分攤到一段長一點的準備時間上——就算因此連平常讓孩子自行處理的小細節也要管，那也沒關係。如果孩子還太小，父母就要主動介入，不要讓他從事會進行到太晚的活動，同時要提醒教練或指導老師。即使你偶爾要讓步，但是讓孩子知道你很看重睡眠，會導正他們把自己的睡眠管理得更好。

✓你自己要多睡一點

為了讓你早上真的感覺更快樂一點，爸媽自己也需要多睡一會。有了更好的早晨，我們就會對孩子更有耐心，也更有能力支持和協助孩子們展開新的一天。睡得太少，我們就會緊張兮兮、過度敏感。我們的大腦更容易針對芝麻小事做出壓力反應，釋放出大量的腎上腺素，讓我們一看見孩子把鬆餅卡在烤土司機裡就大發雷霆。（關於這點的更多討論，詳見第七章〈管教你，我比你更難受！〉）話說回來，我們是父母，這表示我們不一定想睡就能睡。

不可否認的，嬰兒會把我們想睡飽變成不可能的任務——不是也許不可能、也不是理論上不可能，就是實際上不可能。英國有一家床墊製造商調查了一千位新手爸媽後發現，三分之二的人最多只連續睡四個小時。在人生的這個階段，你可以做三件事。你可以讓自己有充分的時間睡覺，小寶寶要睡了，你也跟著盡早睡，這麼一來你就會得到自己需要的睡眠。

但就算這樣，你還是極有可能睡眠不足。如果你有伴侶的話，兩人要一起取捨。就算你們其中一人有工作、另一人沒有，雙方也都需要同等的機會獲取睡眠。第二件事是，在嬰兒的狀況允許時，你要製造出睡覺的最佳機會。《這本書能讓你睡得好》（*Sleep Smarter*）的作者尚恩・史蒂文森（Shawn Stevenson）說，就算你無法睡到足量，你的睡眠品質也應該要盡量提高。他提出的建議包括：為自己設下咖啡因宵禁、記下晨間例事所用時數、同時避免到了就寢時間還硬熬著不睡以致後來失眠的狀況。

最後，當你因為寶寶或孩子而睡眠不足，或者因為自己的失眠症而睡不著，因此獲取不到所需的睡眠時數時，也不要太苛責自己（更不要責怪你的伴侶）。把情緒、家庭、對自我期許的某個包袱統統拋開。目前的你就像在上坡路段跑步，你做的每一件事，都舉足維艱啊。

一旦脫離照顧嬰兒的那幾年之後，你就要以身作則，讓你的孩子們明白，睡眠是至關重大的事。設定一個就寢時間，堅持執行，而且跟孩子討論它。要對數位電子設備設下宵禁時間，連那種可以設定夜間使用模式的設備也不要放過。有刺激性的不只是那些設備的所發射出的藍光而已，科技產品和電視不間斷的刺激會讓我們的大腦在閉眼之後還久久處在興奮狀態下。假如你已經習慣熬夜工作或娛樂，那你可能不容易早點停下手邊一切工作。但是切記，**你現在想**

要的，不見得是之後想要的。明天早上的自己會謝謝你此刻送了這個能多睡一點的大禮。

✓改變你對例行晨務的描述

除了想辦法睡好一點之外，還有很多方法可以改善早晨，雖然過程或許讓人氣餒、失敗連連。舉我的例子吧，我曾經想採用葛瑞琴・魯賓在《過得還不錯的一年：我的快樂生活提案》一書中提出的「早上哼哼唱唱」這方法。但在我的早晨裡，音樂可沒這種神效。我覺得唱歌好像有點難，所以就想弄個晨間組曲讓大家動起來。我為廚房設定了一個叫「快樂早晨」的音樂播放清單，還連著好幾週試用這些讓人開心雀躍的音樂來調整早上的心情。

結果我自己對這個音樂組曲很厭惡。我不想要「阿巴合唱團」來喚醒我早上昏沉的腦袋；我又不是晨間唱跳的舞后（Dancing Queen）啊。但我後來發現，我雖然討厭早晨，但我同時也有點喜歡早晨啊。這個道理，我是嘗試錯誤之後才了解的。

那些「超級成功」和「萬事搞定」的族群最鍾愛一種經典策略，就是花錢叫別人做自己討厭做的事，如此一來就能空出時間來做自以為重要的事。大約就在我想建立晨間音樂主題這個習慣時，身為我左右手的家事清掃團隊搬家了，這讓我們頓失依靠。由於我一直都很羨慕一對夫妻朋友家的情況（他們兩人都是醫生、家中有五個從兩歲到十二歲小孩），於是我就詢問他們到底怎麼辦到的。他們請了一個「到府」管家，她會負責早晨。

因此，我沒再去找另一組家事清掃團隊，而是花了同樣的錢聘請貝蒂當我的管家。她一週來三日。天生就習慣早起的貝蒂，不但願意清晨六點就到我家，還躍躍欲試地想協助我們開始一天的活動，她願意在隨後幾個小時的打掃工作之後，再回到她老公身邊去做她喜歡的事。這件事，連我現在寫起來都覺得這點子棒極了。請個早起的人吧！我肯定可以多睡一個小時了。

這點子棒極了，不是嗎？才怪！對我來說並不是這樣。雇用貝蒂一事，就是促使我認清，我自以為想要的根本不是自己真正需要的。我以為自己想要的是比較輕鬆的早晨。但其實我真正想要的是全家都比較快樂（同時也比較輕鬆）的早晨啊。

晨間會發生的事可多了。大家會討論該做什麼，還會準備午餐。要備齊作業本、快速複習一下考試內容、注意一下誰穿了太小件或太多破洞的衣服。早上要處理的事情很多，在貝蒂還沒來我家工作之前，我跟我老公對這些事很投入。貝蒂出現後，我們就失去了與孩子一天的連結，原本我並未了解自己有多麼依賴這個連結。我並非把工作外包出去好讓自己能專注在重要事情上，而是把一件本身就很重要的事外包給別人了。結果，我們很快又重新自理晨間的事務，而這麼一來就變成人多手雜。不到幾個月，貝蒂便離開了。

類似這樣的狀況，其實在很多持家的日常工作上也都成立：我並非不想做，只是希望這一切可以更有趣一點，最起碼可以不要那麼痛苦。貝蒂事件後我們重新整隊。我明白了自己不希望早上發生哪些事：我不要遲到、不要覺得什麼事情都在趕、不要耗費早上的時間大吼大叫。不過，當我把注意力放在自己不要的事情上時，很快地我又發現舊事重演：在送小孩進學校前會大吼著「你看吧，我就跟你說你會遲到」，然後孩子甩上車門、我氣急敗壞地發動車子急駛離開。**哇**，怒氣沖沖離開的我心裡唸叨著：**用這種方式展開一天的生活，實在糟糕啊。**

就在那一刻，我終於搞清楚自己真正想要的是什麼。我想要給孩子們（還有我自己）一個美好的開始。我**想要**參與這些例行晨務。我**想要**成為他們一天中那段時間的一分子。如果想參與其中是我甘心情願的，那麼一定有辦法可以徹底改變這樣的早晨。

好險，我心目中的一天美好開始，不一定非要有藜麥可麗餅，或全家人一同坐在餐桌。對我而言，一天的美好開始很簡單：就是孩子們知道他們該幹什麼，而且有足夠時間做好那些事，過程中就算出錯也不需要別人對著他大呼小叫。即便他們會因此遲到也沒關係。展開一天的美好早晨，就是全家人同心協力完成一個目標：大家有充足的時間到校而不是匆忙趕在鐘響前抵達，最好能時間充裕到讓大家以舒適的心情順利開始一天的生活。

一旦我清楚了自己要的是什麼，就比較容易思考該怎麼達成目標。以下提供我的部分做法以及其他家庭的建議，讓你們可以改變你們的早晨。

行動！改造出更好的早晨

✓早點起床

有很多改善晨務的方法都跟早起有關。蘿拉・范德坎（Laura Vanderkam）在她的著作《時間管裡手帳》（*I Know How She Does It*）一書中，針對中高收入的職場媽媽，分析她們的一千零一個工作日。她們很多人是以提早起床來找出更多時間和小孩們相處，而不是要孩子們在晚飯後，還要等著和七、八點才會回家的爸媽玩。其他的家長也深信早起的好處，他們很早起床，在其他家人起床前還有充裕時間可以喝杯咖啡、讀讀書、運動或做點自己的事。他們會利用這個時間做愛，或是算算支票簿的帳戶餘額。他們就像《鏡中奇緣》中的白棋王后，相信早餐之前可以完成六件不可能的事。

如果你也是這種人，而且你有辦法幫孩子們早點起床，那麼你想改變例行晨務就比較簡單。跟很多人家的早晨比起來，你們家的晨間時光或許會比較快樂。話說回來，就算家裡的人都早起，也不意味著大家能準時出門。

✓換個方式起床

一直到不久之前，我都不認為自己能夠在起床時間的前一分鐘就能睡醒。所以，我是換一種策略，把焦點集中在換個起床的方式，包括我自己和孩子。多年來，都是我先生先開始進行家中的例行晨務，而他早上最不喜歡的時刻，就是上樓去把孩子們搖醒。我們家裡最難叫醒的傢伙，是睡在上下鋪的上層，也就是說，許多早晨裡我老公必須爬到上鋪去把孩子搖醒。他常因此很惱火，而被叫醒的人也會因此不爽。就這樣連鎖效應，經常搞得大家各自鬧脾氣，那絕對不是一天的美好開端。

解決辦法很清楚——就靠鬧鐘吧。在經過幾次反覆試驗後，雖然我們仍不免要多次確認孩子是否真的起床了，但至少現在起床與否的責任是孩子自己要扛，不是爸媽。而且孩子會把起床氣發到鬧鐘身上，而不是老爸身上。

除了鬧鐘之外，還有什麼辦法？有一個方法是把孩子們的起床時間錯開。住在維吉尼亞州、有三個小孩的娜歐蜜就發現，當孩子們同時間起床，大家的晨間活動互相干擾，因此她便鼓勵年紀最小的那個早起寶寶第一個起床。「在其他兄姊起床之前，她得到和爸媽單獨相處的時間。」這個方法也讓大家搶用洗手間的狀況降到最低。

✓叫孩子幫忙

由於早上有太多緊急要事，因此這也是讓孩子們學習為自己負責的最佳時機。隨著年紀增長，他們有能力也應該要自己記得戴帽子、手套、球鞋、背包。他們可以做自己的早餐、定自己的鬧鐘，並協助其他兄弟姊妹。

然而，萬一他們沒做好怎麼辦？萬一他們按了鬧鐘的貪睡鍵，轉身繼續睡呢？萬一他們冬天忘記帶外套上學、或者把自己努力做好的家庭作業放在廚房桌上忘了拿？

在能夠容忍的範圍內，建議爸媽試著把這些小小的失敗視為孩子的問題而不是你的問題——這麼做，長遠下來就會把你的早晨變得快樂一點。根據我的調查，那些表示早晨變得比較快樂的父母們會讓孩子去負責他們能夠自行應付的事，同時，他們也會隨著孩子的年歲增長去加重孩子們的責任。

住在紐澤西州的安潔拉就說，她和丈夫就幫每個小孩訂了規矩。「孩子們必須自己收拾好背包，而且我們也不會幫他們帶作業去學校。在他們小學時我會準備午餐，一旦上了中學之後他們就要自己準備。我曾經收到老師的電子郵件說孩子忘了帶作業，他問我可否送去學校，我告訴他我不願意，同時解釋了原因。對兩個年幼的孩子來說，沒拿到作業分數是滿嚴重的懲罰，但是老大不太在乎這個，所以我們就規定他，如果少交一次作業，那天放學後就不能跟朋友玩。我們要求（而且提醒）他們要做好事前計畫，並要體諒別人；另外，在他們出門之前，如果有需要我們接送或是簽署家長同意書的，必須自己提出要求，我們不會主動詢問。如果他們沒有要求，我們就不會做。」

其他的爸媽則是訂下出門的時間，而且態度堅決。《怎麼當好孩子的防護網》（*Secrets of Safety-Net Parenting*）的作者里昂．史考特．巴克斯特（Leon Scott Baxter）是兩個孩子的父親，他說他的女兒們每天早上總是拖拉磨蹭，儘管他不斷在一旁施加壓力：「要走嘍！穿上鞋子！我要遲到了！」卻總是無效，最後他跟女兒們說，七點半一到，他就要離開。「那個時候我大女兒讀三、四年級，她總是慢吞吞的。後來時間一到，我告訴她我要走了，然後我就走出家門了。我坐進車子。她在窗戶內看著我。我倒車出庫，開上車道。她拎著背包、手裡拽著作業，急忙奔出家門，踉踉蹌蹌上了我的廂型車。一分鐘過後她才發現自己還穿著臥室拖鞋。她拜託我開回家。但我沒有照做。她那一整天在學校就穿著拖鞋。」他說，這個女兒今年就要上大學，「如今的她，有責任感到讓人不敢置信。」他不將此歸功於拖鞋事件，而是許多年的累積，當她們年紀夠大時就要求她和妹妹為自己負責，就算有時事情沒做好也一樣——這才是原因。「我認為，在她年紀小一點的時候，放手讓她嚐嚐自己的抉擇與錯誤導致的苦果，有助於讓她長成一個有能力應付特殊狀況的青年。」他說。

這個做法要能成功的關鍵之一，在於當孩子們搞砸（噢，他們肯定會的）時，你決定怎麼做。在我讀過的故事中，有些家長明明看見地上有孩子們忘了帶的午餐，卻裝作沒看到直接跨過去，只是為了要強調，記得帶午餐是孩子的職責，爸媽不會每次都出現拯救你。我也是這樣，如果孩子們想靠我記住他們的東西，那他們真是找錯人了。我會把錯誤的溜冰鞋裝進他們的曲棍球球袋裡，而且，我會忘記帶午餐的機率跟他們一樣高，甚至有過之而無不及。

只不過，要是我真的看到孩子忘記帶午餐，我會順手帶上——因為，就像《照料小娃娃》（*Waiting for Birdy*）的作者凱薩琳．紐曼（Catherine Newman）說的，獨立不一定是目標，也從來不是唯一的目標。（想像一下：如果你的十三歲孩子明明看到了八歲弟妹忘記帶午餐，卻什麼也沒說，你會怎麼講？）鼓勵孩子們對自己的例行晨務負責，會讓大家的早晨過得比較順利。而當事情沒做好，讓他們感受沒做好的後果，長遠看來會讓大家更快樂，因為他們學會了處理自己所需；然而，這並不表示你必須把這些後果強加在他們身上。在大多數家庭裡，自食苦果那一類的事，就算沒有爸媽的「協助」，發生的頻率也夠高了。同心協力成功完成例行晨務，也會讓大家比較快樂。

✓前一晚多做一點

如果事先準備好，那麼我早上就會表現得比較好。我們家往往是我先生早起幫大家弄早餐。當他出差不在家時，我就會在前一晚準備好早餐所需的東西、安排好所有事，並且留紙條給每一個孩子交代清楚。

這個點子是我從一個有四個孩子的媽媽朋友那兒偷來的。她每天晚上會把隔天早餐桌上該有的東西準備好，連每個碗都加好穀麥片，用保鮮膜封起來。這個媽媽在孩子還很小的時候，哄他們睡覺前就會先幫他們穿好學校的衣服。如果我在我的孩子們愛上穿睡衣之前就知道這個策略的話，我一定會如法炮製的。

前一晚就做好午餐，或是準備好材料、幫忙孩子們收拾好背包，然後提醒他們該怎麼收拾背包、把要穿的衣服拿出來放好（如果你家有個小孩早上會猶豫不決的話，尤其要這麼做）。我家小孩還小的時候，我買了四組吊掛式的架子放在他們的衣櫃，把他們的內褲、襪子、當天的學校要穿的衣服等等，都放在架子上。

裝填好咖啡機的咖啡粉、你自己要穿的衣服拿出來放好、把你的鑰匙放回固定放的地方等等。為隔日早上做好所有所能做的準備，而且晚飯後就做，不要等到睡覺前。

✓關機

一般來說，早晨的家庭生活可以分成兩個情況：第一種情況，你的孩子天生就比大部分人早起，而且他們有辦法自理；第二種情況，你連叫孩子起床都像登天一樣難。如果你的孩子是第一種情況的話，那麼電視之類的電子設備都可以當成你的救星。它們會讓你早上有時間去沖個澡、做早餐或是回床上再多睡一會兒（第六章「三C不是洪水猛獸，卻有待馴養」裡會有更多的討論）。

話說回來，一旦你過了那個把「電視當成保母」的階段之後，很快地你就會進入「怎麼辦，電視讓我的孩子分心」的階段了，而且除了電視之外，還有很多電子設備也都會造成這種困擾。對許多有大小孩的家庭而言，一大早就使用科技產品是造成孩子遲到的捷徑。「早上不准看影片，」住在堪薩斯市的珍說：「這麼做的影響超大的。每個人都應該專注在當下該做的事情上，才不會分心。我實在不太好意思承認，自己居然花那麼久才終於明白這件事是我們很多問題的根源。」如果你家的孩子一起床就直接拿手機或看影片，那麼他們可能沒去準備午餐或家庭作業，而且很可能根本沒在吃擺在眼前的早餐。執行不准使用電子設備的家規，有助於讓他們動作加快。如果你自己也會檢查電子郵件、掃讀臉書內容，那你也要試著把這些事情放一邊，先全神貫注在他們身上再說。也許你會發現自己的動作變快一點了。

✓學會估算時間

前幾天我問了孩子們這個問題：「你們覺得刷牙、早餐之後拿上外套，還有帶上所有需要的東西，要花多少時間？」「九分鐘。」「我不知道。」「十五分鐘。」「五分鐘。應該會花個五分鐘。」

才不呢，我說，是二十分鐘，而且我也證明了這件事。我一叫大家去刷牙，就開始計時，等他們全都坐上車才停止計時。

當他們知道我在計時，他們的動作可能有加快一點，不過我計時的目的並不是為了加快他們的速度，而是為了更實際的理由。為了要準時到達目的地，我往往必須從預訂到達目的地的那一刻往回算，因此我就得知道每件事情要花多久時間。對於例行晨務來說，二十分鐘算還不錯。然而，每次總有人出門前只找得到一隻鞋子、有人老是把整個文件夾掉到地上。因此，你們全家人從「刷牙拿背包」到全員出門，要花多久時間呢？你要根據那個時間回推。偶爾你可能運氣好一切順利，不過，那是所謂的幸運之晨，才不是「一般」早晨。

✓在音樂聲中進行晨務

「我們有一個專屬的晨間音樂喔，」住在洛杉磯、有兩個孩子的爸爸惠特說，「音樂會從孩子們起床開始播放，一直到他們出門，期間哪個時間點他們該做什麼，音樂都會有提醒。」

假如你覺得錄製一套完整而且算好時間點的音樂帶太費事了，那麼試著播放一首提示孩子「該出門了」的歌，設定音樂準時自動播放（如果你們家有這種設備的話），或者每天早上同一個時間你自己手動播放也行。**做你自己**。對某些家庭來說，音樂會讓一切更美好。我第一次嘗試早晨音樂播放清單的時候並不喜歡，不過我願意再給它一次機會。

✓做出大改變

如果基於某個外在的問題——學校開始授課的時間、長途通勤、爸媽其中一人早上開會時間和帶孩子上學時間重疊——而讓你的早晨感覺特別痛苦的話，那就可以考慮做個大改變。我那些重度夜貓族的朋友，還有那些允許兒女平日作息稍晚一點以配合家庭時間的朋友，他們會根據學校的上學時間來選擇就讀的學校。我住的地方沒得選擇，不過，如果你可以這樣選擇，而且又比較適合你的生活，那何樂不為？

住在康乃狄克州的潘說，在經歷過太多忙亂的早晨（而且她還得常常到各國出差）之後，她選擇了讓女兒們在家自學。她說，早晨變成「**大家享受彼此相處的歡樂時光。**」那是我們大部分的人在解決晨間問題時只敢夢想的終極辦法（而且包含我在內有很多人會認為這是一場噩夢，因為我根本不適合在家教孩子自學），話說回來，有時想像一下最極端的狀況，可以讓你的想法更開放，接受某個不在預期中的學校、或搬到離學校近一點的地方，好讓孩子們可以走路上學。

如果工作相關的事讓你的早晨痛苦不堪，好比你得趕搭火車參加公司定期的員工會議，而火車時刻甚至比孩子們的起床時間還早；或者你覺得通勤上班不是長遠之計，那就試著去改變那件讓你痛苦的事。偶爾要求更改會議時間、看看有沒有機會在家兼職。另外也試著去改變未來的狀況，如果一個決定能讓明年比較好過，可能也會讓今年比較輕鬆。回頭想，你得應付每個工作日的早晨，要是你的工作讓你的早晨痛苦不堪，那種痛苦疊加起來可真不少。

假如一個小改變還不夠，那麼，就放膽想想大一點的改變吧。或許單靠想像一個大的改變，就能讓你的早晨有趣那麼一點點。

✓為了自己想做的事起床

為了改善早晨時光，我們在自己家裡做了一件奇特的事，結果它讓孩子們幾乎每天都準時到校，同時也讓大家都清醒地迎接一天的挑戰——雖然它一度讓我以為，今後我們家不管做什麼事永遠都會遲到。

這件事就是：我們買了一間有大穀倉的房子。然後，我們在穀倉裡養了幾匹馬，接著還把穀倉樓上的公寓租給了一對很棒的年輕夫妻，克莉絲汀和葛瑞格，而他們後來又在穀倉裡多養了幾匹馬。克莉絲汀和我接下來還收留了一些馬，將牠們養在一間新的茅舍，因為原先那個穀倉容不下了；然後我們又加養了幾隻雞，克莉絲汀和葛瑞格生了寶寶，我們的雞又添了小雞……這些事情林林總總加起來，每天早上我們多了一堆需要照料的事，所以我們又更早起床。

我不喜歡早起。這跟我睡了多久沒關係，也無關乎我用什麼樣的鬧鐘。反正我就不是那種一醒過來就開心跳下床的人，不過當我不假思索想做自己喜歡的事（例如幫忙照料馬廄），我會為自己設下條件：我早上**必須**早點起床。

我們大概七點左右要出門去穀倉，七點四十分就一定要從穀倉出發開車載小孩上學。在這當中我們得完成許多事：餵養馬匹（多達十九匹馬）、替牠們套上鞍褥、把牠們放出來、清理馬廄、為牠們鋪上乾稻草、加滿馬槽的水、餵雞、清掃走道。輕鬆一點的早上呢（就是天氣很棒而馬兒可以睡在外面草地上，地上還長了青草便於牠們享用的時候），我們得把一些需要餵食穀物飼料的馬兒帶進來，餵完再放牠們出去，然後清理排泄物，接著再餵雞。

出發去穀倉可不一定是「有趣」的事。一定會有孩子不想在冰天雪地上拖著水管走到馬廄後面注滿地上的水槽，也總是有孩子會覺得自己做的事比其他人多。但就算那樣，一旦事情做完後，大家全都呼吸了新鮮的空氣，而且照料了許多無法自理的生物。雖然工作本身或許不有趣，但隨之而來的滿足感卻讓人開心，而且很奇妙的：我們總是最早到學校的車輛之一。

我並不是要建議你們也去買間農場，而是鼓勵你們設法讓自己的早晨變得更有趣，它意味著做一件不在預期之內、甚至要花更多時間的事，因此讓你為了這件事而早點起床。舉例來說，每週找一天全家上餐廳吃早餐、全家一起晨跑、順路去年長的鄰居家看看他需要什麼幫助、花二十分鐘全家人一起準備晚餐要用的材料、跟其中一個孩子一同為其他家人做一頓早餐……。什麼點子都好。即使我痛恨早上起床這件事，不過，我可以為了馬廄而提早起床，而且因為如此，我更快樂了。

✓別把快樂拒之門外

沒有什麼事出了錯。在經歷了將自己早晨外包出去之後，我才明白，忙得像個陀螺那樣催趕大夥兒出門的這種生活，恰恰是我想要的。除了晚飯時間之外，早晨是家人們花最多時間相處的時光。大家都在，大家都參與其中，彼此互動，你我在廚房裡錯身而過。這是你們一家人的時光，而這一點比不遲到或者沒忘記帶家庭作業還要重要啊。這並不表示你可以坐視不管，也不意味你不會盯著那個被叫去洗碗的孩子做好她的工作。

每當大事（例如災禍、某件預料之外的消息）真的發生時，我們常會發現自己多麼渴望過去的那種平凡生活。是啊，要是我們能稍稍改變自己的態度，去體會平凡生活所帶來的美好，而不是等時光不復返才有所意會。你甚至可以在適當地方放個提醒自己的東西，例如在鏡子上、手機、或電腦桌面螢幕上貼個字條。我自己就有一條上面刻了「平凡的一天」字樣的手鍊，當我看看這條鍊子，我就不會神經緊繃，而會**充分享受正能量**。就算一切並沒有什麼了不起。

對我來說，例行晨務仍然討人厭。但最棒的事也少不了它們。我們每天只有一個早晨，直到它們成為過去式。

一第 2 章一

家事讓孩子去做更好玩

關於教養，我會擺出專家姿態來討論的議題並不多，其中，讓孩子做家事恰好是我非常堅持的。

在小兒科醫師黛博拉．吉爾伯（Deborah Gilboa）的家裡，孩子們按照年齡，每人每年都要接下一項大任務，而且要持續負責那份家事，直到下一個孩子接棒。當他們滿七歲時就要負責洗衣。滿了九歲就要幫全家人準備午餐；十一歲的時候，把洗碗機裡洗好的碗盤拿出來；到了十三歲，他們每週要負責做一頓晚餐。因為她的孩子們做這些家事，吉爾伯醫師和她的伴侶於是有空可以做「孩子沒能力做的事：他們沒有能力繳付帳單、他們沒法斡旋手足間的爭執。我們有空、有精力做這些事的唯一方法，就是要把其餘的事交給別人做。」有十二個孩子（年紀最大的二十九歲，最小的七歲）的母親珍妮佛也表達了類似意見。她的孩子都曉得要自己做家事，而等到他們上了大學，每個孩子都有能力打掃、煮飯、除草、打理一般家庭的大小事。想知道這是怎麼辦到的？請繼續往下讀吧。

問題出在哪裡？

家事本身就不是什麼有趣的事（雖然做家事也可以很有趣）。不過，要是孩子不幫忙家裡的工作，可能就會讓孩子錯失自得其樂的機會，也會讓他們在一個人人都希望被需要的世界裡，缺少參與感和滿足感。

如果你家孩子回到家後要花五個小時做功課，外加一項運動練習，那他們真的沒什時間做家事。而你可能也會認為，要建立孩子做家事的習慣非常困難。

反過來說，假如你邀請鄰居小孩來你家玩，得到的回應是「他做完他的家事就過去」，或者當你的孩子看見朋友的爸媽對他們說「去整理你的房間」、同時還看到朋友晚餐後會幫忙洗碗，那麼，要鼓動孩子做家事就會（稍微）比較簡單了。

研究顯示，家長平均得花上五年每天晚上嘮叨，孩子才終於能自動把餐桌上自己吃剩的碗盤收走。有時爸媽會覺得自己做還比較簡單，但很多家長表示，做家事會讓孩子們「更有責任感」，還有人說家事可以教會孩子「重要的生活課」。問題是，很多人（包含我在內）不知道該怎麼有技巧地叫動孩子幫忙做家事。

加州大學洛杉磯分校「家庭日常生活研究中心」（Center on the Everyday Lives of Families，簡稱CELF）的研究團隊，在二〇〇一年到二〇〇五年間，用影片紀錄了洛杉磯三十二戶有兩個孩子以上的中產階級雙薪家庭。他們發現，洛杉磯的父母會操持大部分的家事，而且當孩子們做家事碰到問題時，爸媽就會介入。在這些家庭中，有二十二個家庭的孩子習慣性地忽略或拒絕爸媽要他們幫忙的要求，有八個家庭根本不太要求孩子做任何事。

殘忍的事實是：孩子們不幫忙，只能怪爸媽自己。如果家庭有共識要求孩子們協助完成家裡的各種工作，孩子們就會做——在祕魯亞馬遜河流域地區的五歲孩子會爬樹摘木瓜，還會「幫忙拖著比她的腳還粗的木材來鑽木取火」，而七歲孩童也會每週末幫忙清洗家裡衣服。所以，如果你要求孩子們做家事，他們（包含你我的小孩在內）是有能力而且會去做的。

要達成這個目的，有兩種方法。第一種是把做家事當成必要之務——要強調不做家事的後果、你要嘮叨、要罰孩子們禁足、要要求要求再要求，而且絕對不讓步。這個辦法，一旦實施，就得堅持到底。那些孩子真的經常做家事的父母再三保證，這一切都值得。

第二個辦法是表明你需要人幫忙。例如，因為雙親中有一位長期患病、因為你是單親家庭、或因為你要身兼兩份工作才有辦法應付基本開銷……諸如此類原因，所以若沒人幫忙就忙不過來。在這種情況下，你的孩子就比較有可能學著準備餐食、洗衣摺衣、照顧年幼的弟妹。這些原本可能是不幸的事，但到頭來卻產生了很多好的結果。例如，你家裡有人或動物受傷，又或者你正準備載四名幼孩上學，而那個學步的小傢伙在吐、另一個小嬰兒在哭、上幼幼班的這時想要便便。在那一刻，你可以看著那個勉強能幫忙的孩子說：「沒有你的話，我就做不來了。」而那個孩子，就會奇蹟般地出力相助了。

你要明白，那個有能力在緊急時刻協助你度過難關的孩子，跟那個坐在餐桌上看漫畫、讓你在一旁清洗髒碗盤的孩子，是同一個人喔。這表示我們需要推那個孩子一把，教他怎麼正確地將碗盤放進洗碗機裡——這也表示，我們一定要想辦法，克服自己對這件差事的心理障礙。我曾詢問了一千零五位家長：**親職工作裡他們最不喜歡的是什麼？**最常見的答案是「管教」，而且當中包含了強迫孩子做家事、分擔工作。

很多爸媽發現，要在孩子還小的時候開始執行規定、要他們做例行家事，而不是等到孩子比較大了，才「奮力叫他們做事」。假如父母能克服自己的心理障礙，強制要求小孩做家事，那麼所有的人（爸媽和孩子）都會比較快樂。「孩子們在外面玩，媽媽在家忙，這不是好事，」

珍妮佛・佛蘭德斯（Jennifer Flanders）說。「從幫忙做事，以及和我們一起做事的過程中，孩子會獲益更多。」幫忙做家事的孩子，會感受到比較重的責任感，也會感覺自己跟爸媽有比較強的感情連結，這樣的關係也有助於他們跟其他人建立關係，度過生命中壓力比較大的時刻——換句話說，會讓他們變得更快樂。而孩子們協助做家事，就算做得不甘願，也會讓我們變得更快樂。我們知道自己不應該獨自扛下家裡所有的工作，同時，我們也清楚，願意挺身協助大家的孩子，不管加入什麼群體，都會成為該群體裡更有生產力的一分子。

改變你的觀念

✓小孩子應該什麼時候開始做家事？

關於這個問題，簡短的回答：就是「現在」。雖然任何時候起步都不嫌晚，但是孩子越小開始幫忙做家事越好。

孩子能做些什麼呢？其實很多，稍微回想一下自己的童年吧，然後問問自己，你做了哪些維持家庭運作的工作？是用吸塵器吸吸地板、掃掃地嗎？收衣服摺衣服？餵雞？問題不全然在於孩子能做些什麼，而是你家裡有什麼事要做。對你們家來說，一定得完成的事就是你希望教會孩子、然後託付給他們做的事——不管是像洗碗盤那種常見的活兒，或是像駕駛船屋通過水閘門那樣特定的工作都好。大家共同協力維持家的運作、以便大家都能享受其他的生活樂趣，那才是重點。

✓如果幫忙做家事，那一堆功課怎麼辦？

如果家裡的孩子年紀稍大，那爸媽最常問的問題（或說最常用的藉口）就是：怎麼去要求連晚餐都趕不上，而且晚餐後還要寫三小時作業的高中生，花十五分鐘幫忙做家事啊？而且第一章裡我們不是才說要把充足睡眠當作家庭第一要務嗎？

總是有辦法的，只要我們了解這件事真的非常重要。你希望孩子長大成為什麼樣的人呢？。學業固然重要，但孩子在家庭社群裡的角色也很重要。你傳達的訊息不是「你一定要洗碗，不用做家庭作業」，你說的是「孩子，你一定要找到一個方法，在各種責任之間取得平衡，同時不會限縮了自己在這個家裡的角色。」

不過，要是每晚得花的那十五分鐘，導致孩子功課拿了B，最後導致哈佛大學拒收你家寶貝，那怎麼辦？

你不能那麼想。其實，你不會只想要教養出一個你能提供舒適環境給他、細心呵護讓他上明星大學的孩子。你想教養出的孩子，是要能夠運用自己所選的終生成就目標，斟酌出自己在家庭與社群中關懷他人的角色。一項歷時二十五年的小規模研究發現，年輕人在三、四歲左右時是否參與家事行為，是他們在二十五歲時會不會成功的預測因子。

我並不想把一個小型研究誇大，而且，所有這方面的研究，不過是證實你我早就知道的事。到伴侶家作客會起身幫忙主人收拾餐桌的這個新男友，或者會挺身協助同事的那個年輕員工，或者在完成自己的實驗作業還會整理工作臺讓下一堂課使用的那個學生——這些孩子比較自立自足、對成年期更有所準備、跟家人和朋友的關係也會更成功。

如何成功叫動孩子做家事？

我們家的家事史很複雜。我們的孩子會做其他多數小孩不做的農場活兒，所以，在計算他們幫忙做了多少家事時，他們會主張說，農場活兒也要算在內（這我可不同意）。不過，在叫孩子做家事的成果上，我跟我老公應該算差強人意。所有能叫動孩子做家事的方法，我們都試過了。我們的孩子，多半會自行清理掉自己碗盤上的殘羹剩渣。他們會餵狗、餵貓、餵雞——雖然會一邊做，一邊跺腳、還一邊弄得盤子鏗鏗鏘鏘、一邊埋怨分配不公平。

那我們試過什麼方法呢？榮譽集點卡。可以跟媽媽換成現金的獎勵卡。該做家事卻沒做的人要罰錢。做得好的人給予獎金。把要給他們的零用錢都換成一元鈔票放在杯子裡，每次沒做家事就抽掉一張，而抱怨做家事就扣零用錢……，還有一堆我早記不得的無數方法。

透過我自己的經驗還有訪談其他家長的心得，我得到的教訓是：每一種方法，都可能會成功。既然如此，那為什麼最後卻放棄呢？因為我們受不了花心力製作榮譽集點卡。我們傻傻地答應孩子們要的獎勵，做一些自己不想做的事，例如帶他們上冰淇淋店。我們生氣或處罰孩子的理由反覆無常。還有，我們會一次又一次地放棄叫孩子做家事，而且都是不歡而散。

那我跟我老公有沒有找到改善這一切的方法呢？有的。而且我們真的變得比較快樂——孩子跟爸媽都如此。有的家庭真的建立出一套行之有年還滿有效的例行習慣；以下，就是那些家長的成功經驗，以及我們家如何利用這些建議所做出的改變。

✓那些不是家事，它們是生活技能

洗衣服、把餐具碗盤擺進洗碗機、煮飯、維持井然有序的生活空間——你做這些事的時候，它們是家事。然而，當你教孩子做這些事的時候，它們其實是生活技能。清理淋浴間不是什麼高深的學問，但的確需要有人指導。

煮完飯後將廚房恢復原狀是成年人需要的技能之一——就算你已經很疲累了、還有別的事要做，或是想乾脆去看電視，但你還是得把廚房料理臺上沾到的髒污和起士碎屑清掉。

前史丹佛大學大一新生院長茱莉・萊斯寇特・漢姆斯（Julie Lythcott-Haims）在她的著作《怎麼養出一個成年人》（*How to Raise an Adult*）一書中，談到她的朋友發展出一套策略來培養孩童的技能：

- 一開始我們幫你做。
- 接下來我們跟你一起做。
- 然後我們看著你做。
- 最後你自己做。

我們要提醒自己，如果我們不協助孩子做到那四個一開始的步驟，那麼有一天，他們就會在滿是餐食空盒和骯髒碗盤的宿舍或公寓裡，從第五個步驟開始：處理蟑螂。這麼一想，要陪著孩子們做到上面四個步驟，就容易多了。

✓堅持、堅持、再堅持

稍早我曾提到，要花五年才能讓一個小孩學會自動去清理髒餐盤，其實我是開玩笑的，但也不是太誇張。家中孩子會做家事的父母們說，無論你是從何時開始訓練孩子做家事，這個養成過程，可能得花上好幾個月、甚至好幾年。

「我的兒子得打掃自己的房間、澆花，還有，週末他得清掃完廁所我們才准他看電視，」住在佛蒙特州的莎拉如是說：「我們這麼做已經快兩年了；這個月他就滿七歲了。前幾個月他做家事會拖拖拉拉，有時候還會抗拒不做，不過，我們依然堅持，於是他越來越快做完家事。如今每到週六，他就會在我還沒起床前就把他的家事做完了。」

其他的家長們說的也差不多：「要花時間和堅持。」、「要一講再講，還要付出耐心。」、「要加以訓練，還要積極注意後續情況。」、「要忍耐他們的抱怨以及反抗。」、「有好一段時間我得忍受孩子們的嘀嘀咕咕和不熟練。」、「我的孩子現在一個十歲、一個十五歲，我們老早就開始指派簡單的家事給他們做，但他們過了很長的時間才不再跟我們吵！」

做做停停、調整交派的家事又更動策略、還有放棄堅持，連續幾個月自己把家事一肩全攬——這些家長發現他們自己一次又一次地回到原點，其實我也是。

小兒科醫師黛博拉的最小孩子，從七歲起就負責洗全家人衣服的工作（另外三個年紀大一點的孩子則處理有助於維持家庭運作的差事），她說，堅持訂下的計畫（計畫適用就好不用野心太大）是他們家成功的關鍵。「我不期待他們樂在其中，」她表示，只要孩子們盡該盡的責任就好。幾年下來，他們家學會了一個道理：就算後來工作排定有所變化，但大家還是有貢獻的。如果那個負責把乾淨餐盤從洗碗機裡拿出來的孩子那一整天都不在，而洗碗機又已經洗好餐盤了，「那麼，我幫忙把乾淨餐盤從洗碗機裡拿出來——這樣大家才可以再把髒餐盤放進去——還會再附帶傳個簡訊給他，讓他選擇要補做其他什麼家事。」

茱莉．萊斯寇特—漢姆斯說她一直到孩子已經滿了十歲和十二歲，才真正開始貫徹叫孩子做家事的規定（她差不多已也是這時開始寫書，想來大概不是巧合）。「他們的態度都是：『有沒有搞錯？』」她說。現在孩子一個十五歲，一個十七歲，幾乎不太需要提醒就會自動去做自己負責的家事（洗衣、把垃圾桶推到外面人行道邊、整理餐桌椅和擺盤、把乾淨餐盤從洗碗機裡拿出來、處理垃圾和回收等等）。「聽他們討價還價或討論該誰去做什麼，還挺有趣的。而我家老大很疼小的，會『替』小的做家事。」

這聽起來棒極了吧——不過，不要把重點放在你家的孩子哪天能自動幫忙做家事，重點是她就算寫了一本談教養出獨立孩子的書，她也是像你我一樣，得經歷好幾年的刺激鼓勵，情況才會好轉。**你不必每次都做對**。講到叫孩子做家事，別無他法，一直嘗試就對了。

✓把做家事變成習慣，耐心等習慣變成習性

剛開始建立我家孩子的家事分工時，家事分配時間表根本亂七八糟。負責「洗衣服」的孩子可能會隨興去洗衣服，而負責餵狗的孩子，卻一定在六點的時候餵（我家狗狗的報時能力比我強）。後來我才明白，我無意中讓家事較難變成例行工作，現在我會把慣常家事和另一件重複性的日常活動搭配在一起。把家事跟某件每天都會發生的事綁在一起，這樣比較容易促使孩子做家事，他們也更容易記得。

要把習慣變成習性，就得要經常做才行。我訪談過的那些滿意自己孩子為家庭運作付出的爸媽們，並不會指派一整天、一整週、甚至是一整個月的家事。他們指派的是一整年的家事。一整年喔。

一整年負責洗衣工作。一整年負責做午餐。一整年負責晚飯後將餐盤放進洗碗機裡。經營

「佛蘭德斯家的家庭生活」（Flanders Family Homelife）網站的珍妮佛．佛蘭德斯就是如此。二十多年前，珍妮佛發現她家孩子製造髒亂的速度已經高過她清理髒亂的能力與意願，於是決定教會所有孩子，無論男女，都要做家事來維持家庭運作。她要求每個孩子要保持房間整潔、天天鋪床鋪；除此之外，每個人一整年裡都要各自負責一件家事：例如擺餐桌、把髒餐盤裝進洗碗機、將待洗衣物分類……等等。「不到一年，他們做事都變得很有效率，也不再抱怨了」，她說。「有時候，他們自己想出來的家事做法，比我的方法還要好。」

叫小孩把同樣家事做一整年，確實會把那件家事變成例行工作的一部分。同時它也會帶來一點彈性——如果孩子週五晚上要去參加籃球比賽，所以你代替他餵狗，那也沒關係，因為還有三百六十四天等著他。「我有時會幫忙，有時我會要求他們換做別的家事。」珍妮佛說。一整年做一件家事讓孩子有機會精通那件家事，並培養出意志力去駕馭一再重複的事。

珍妮佛會交付給幼小孩子簡單的家事（有時候必須創造出一份家事），隨著孩子年齡漸增，她會讓孩子晉升去做困難一些的家事。她說，每年年底「他們可以參與決定自己接下來要做什麼家事，但沒有決定權。」在她家庭裡，大多數家事都是固定時間做，而且全家人會一起完成所有的家事。這樣的例行習慣能讓孩子們好好按表操課。黛博拉．吉爾伯則是把每週家事的時間點跟特別待遇綁在一起。「沒洗好衣服，週末就不給看電視。」她說，「如果他們忘了做家事，我是不會生氣的，但我一定會讓他們自嚐惡果。」

這方法獲得很多家長認同。談到做家事，重點是要區分兩個目標：第一，要孩子們做家事；第二，不用我們催促，自己記得做家事，這兩個目標都很好，但重點在於要能堅持完成工作。

✓需要幫忙就讓孩子知道

我有個朋友在臉書上寫下這段話：

我家小孩從很小時候就開始做家事：把洗碗機裡的乾淨餐盤拿出來、洗自己的衣服、整理自己的床、打掃公共區域，而且不用人提醒就會把回收物跟垃圾拿出去。我最小的女兒喜歡打掃門廳，當我人不舒服時，大一點的姊姊就會做飯。兒子們都已經是大學生了，他們會修剪庭院。我不知道他們為什麼會這樣。從來沒有人付錢叫他們做家事，或者給什麼獎勵。我向來都告訴他們我們是一個團隊，團隊裡的每一個成員都負擔重要任務，使得家庭能運作順利。同時，我也都跟他們一起做家事。我的孩子們是典型的青少年。我們會有衝突，也會大吵。我們一點都不完美，不過，他們會做家事，而且五個孩子裡有四個也在工讀。

她不知道為什麼她的孩子會這個樣子——但是我知道。我覺得她從來都沒想過孩子不願意幫忙，也因此他們就會幫忙。她們家是大家庭，因為宗教信仰的關係，她們有很堅決的服務傳統，而且周圍的親友也有相似的價值觀。辛勤工作，是他們的基本價值。

宗教或文化背景，可能會讓某些家庭的孩子比較具備分工協力的觀念。不過，這種概念也可以透過長期訓練而養成。你們可能聽過或看過——農家出來的孩子、家裡做小本生意的孩子、單親媽媽的孩子等等，那些孩子知道該怎麼做事，也會做事。然而，如果你家不是那樣，你還是可以利用這種思維。

假如你需要一個理由讓你的孩子來幫更多忙，不妨直接說你需求他們，甚至可以說因為生活起了變化，所以需要他們一起分工。或者，你也可以乾脆承認自己先前的失敗。我的友人鄰居、同時也是《每一次挫折，都是成功的練習：失敗是給孩子最珍貴的禮物》（*The Gift of Failure: How the Best Parents Let Go So children Can Succeed*）一書的作者潔西卡．雷希（Jessica Lahey），告訴兩個兒子，自己為他們做得已經太多，是時候做改變了。需要幫忙時就讓孩子知道吧。要強烈要求、有所堅持、步步進逼，直到他們出手幫忙為止。你值得他們的支持，就算他們不情願也一樣。

✓除非你會付錢請人做家事，否則不要付錢叫孩子做家事

會給孩子零用錢的爸媽，往往分成兩種陣營：一類的爸媽認為，零用錢是用來交換孩子做家事的條件，另一類的爸媽不這麼想。我在《紐約時報》的同事、同時也是《三隻小豬養出下一個巴菲特》（*The Opposite of Spoiled*）一書的作者朗・立博（Ron Lieber），說服了我要堅持站在不付錢的那一邊。按照他的觀點，零用錢是用來教導孩子重視並管理金錢的工具，而家事則是任何一個家庭成員都該做的。

而且，如果你「付錢」給孩子做家事，很可能有一天他們會聳聳肩說沒興趣、無所謂啊、把錢拿走吧，反正生日時奶奶會寄給我錢，或者，反正我也沒有想要買什麼東西。

話雖如此，有些情況你還是可以付錢叫孩子做家事的。在我家，如果是我會付錢請大人做的事，我就會付錢給孩子做同樣的事，例如除草，但我不會付錢給年長孩子去照顧弟弟妹妹。

立博也同意，有些事情的確值得爸媽付錢。他給了一個很棒的建議，可以用在「大家都討厭的差事……把工作內容寫在便利貼上連同白花花的鈔票訂在佈告欄上頭，誰先完成那分任務，誰就拿走錢。」他同時也贊成，當孩子做得很棒時就給錢。你可以說這是績效紅利，例如一整個星期都不用人提醒就自動做家事、或是替受傷的兄弟姊妹做家事等等。

反過來，當孩子抱怨工作太多，或者他根本沒完成家事時，爸媽或許會很想扣他們的零用錢。我並不覺得這種手法有效。「要是家事沒好好做，或者過度抱怨，我們也會他們扣零用錢。不過，這個方法比正向策略的效果要來得差。」住在紐約州的佩蒂說。她認為，事發之後扣孩子的零用錢，並不會幫助教養出會做家事的孩子，這麼做，只是讓爸媽卸責，不需要努力強制要求孩子。這叫逃避責任，而也許正因如此，所以並不管用。

✓ 一起做家事

「週末時我們有家事加足馬力時段，」住在伊利諾州的珊儂說：「雖然不是每一個週末，但最起碼每個月會排兩次，而且是全家一起參與。」這個概念很受歡迎。另一位住在西雅圖的麗姿說：「我們每週五晚上會有『加足馬力時段』，在這一小時裡大家會認真地完成打掃／清除的工作，然後，全家人一起看一部電影。」

另一個也很受到大家喜愛的概念，是大家一起完成所有家事：訂下家事時間、訂好執行時間長短，可以邊放音樂，或者在工作完成之後用有趣的方法犒賞全部人。「我們搬到新的城市後就沒再聘請打掃人員了，」住在密西根州的艾比說，「現在，我們每兩個星期就舉辦家族大掃除。我的孩子們會清理他們的臥房和浴室、換床單，然後用吸塵器吸地板。雖然我會付他們幾塊錢，但不會讓他們選擇做不做家事。」

「想想真不可思議，短短時間內竟然可以完成那麼多事，何況，這還有助於灌輸孩子『我們大家都住這兒，所以人人都要參與』的觀念。」珊儂說，而另一位媽媽蘿拉則讓她的三個孩子在家裡的三個區塊輪流工作——廚房、起居空間、還有入門處。在孩子年紀尚小的時候，每天下午四點，他們就要分別在自己負責的區塊「整理二十分鐘」。不過，隨著孩子年齡變大、越來越忙，很難貫徹定時，而這個做法也就不了了之。今年蘿拉恢復了這個做法，但允許孩子們選擇他們做家事的時間。「指定區塊最棒的一點就是，」她說：「我不必再想該輪到誰用吸塵器吸地板或是清理吸塵器理的濾網。而且孩子們早就不再爭執那一類的事了。」

一如蘿拉注意到的，維持每週定時的做法，對於年紀大一點、活動多一些的孩子比較困難，但假如可以找出大多數人都能配合的時間，那比起每週要重新排定家事時間要好。

✓沒做交辦家事的後果

在我們家，孩子們要是沒把自己負責的「事」做好（好比把自己的運動裝備放進要帶去課後練習的球袋裡、或是把昨晚的回家功課收進背包），那麼自然就會有該負的後果。我有好幾次不小心把孩子的作業當成回收垃圾丟掉的經驗——沒錯，要撈出來也很簡單，但很有可能你就沒法準時交出去了。而且，我不太可能把每一個運動裝備配件都從乾衣架上取下（裝配實在太多了），還有，我也不太有辦法從一堆護膝中分出你跟你姐姐的（拜託，很噁心耶！）。再來，我絕對不會檢查你是不是把它們全放進球袋了。檢查的工作和後果，都要算在你頭上。

然而，受不了後果的往往是我們，而不是小孩。他們根本看不見滿溢出來的垃圾和流理槽的髒碗盤。如果他們在乎房間的整潔，他們就會整理。也就是說，如果我們想利用「承擔後果」來激勵他們，那我們就得想出他們在意的事，而且還得確保這不是虛張聲勢的威脅。

那麼，可以要孩子負擔什麼樣的後果呢？最常見的做法，就是選出一件你孩子在意的事，然後，從將它奪走。

✓讓孩子們選自己的家事

當我們的孩子年紀還小時，我們要求他們輪流做某一件家事，因為就算有人真的比較喜歡餵雞，因此就讓他一人去餵雞並不公平。不過，對年紀大一些的孩子，就可能適合這種安排——有人寧可洗碗、有人比較想清理餐桌和擦拭流理臺。「我們準備了一份密密麻麻的清單，列出家裡要做的事，然後大家坐下來，讓孩子挑選他們最不討厭的，同時向他們解釋，爸爸跟我一開始就是這樣分配工作：我負責煮飯，因為我不太介意煮飯。他負責洗碗，因為我真的很討厭洗碗。」住在伊利諾州的凱倫描述她跟兩個孩子解釋分工的狀況。

「作為一個孩童時期做了很多家事的媽媽，」住在華盛頓特區的美樂蒂說：「我會聽聽孩子們討厭做哪些家事、喜歡做哪些。我小時候討厭洗碗，但是我非常喜歡用吸塵器吸地、洗衣服，所以我媽媽就善加利用了這一點。只要我抱怨，她就會提醒我，這可是我選的家事。」

最受歡迎的家事選擇是做晚飯。就算才九歲、十歲的孩子，也應該能煮簡單的一餐。你要是不相信，就去看看《小小廚神》（*Masterchef Junior*）[2]吧。「我最近開始要求我的孩子們，每個人每週做一次晚餐。」住在紐澤西州的艾琳這麼說。她們家十七歲的小孩跟兩個十六歲的雙胞胎，每個人都同意每週各自負責一頓晚餐，而她則會確認孩子們有做料理規劃、料材也事先備齊。「這件事進行得出奇順利，之後再也沒有人抱怨晚餐菜色了！」

✓任何時候開始都還來得及

也許在你家裡從來都沒有建立一套制度，讓孩子幫忙做家事：一開始是因為孩子還小，後來你又太忙，如今他們都大了，你開始後悔，要是自己早點叫孩子做家事就好了。當然，這件

2 譯注：美國福斯廣播公司製播的烹飪實境秀節目《廚神當道》（*MasterChef*）所延伸出來的兒童版。

事越早開始越好，不過，現在開始其實也不算太遲。吉爾伯醫師給我們的建議是：按照孩子的年紀和能力，給予應有的尊重。她指出，大部分的孩子「都受不了你不明白他們已經長多大了，你還把他們當成小寶寶。」

所以要告訴他們，你沒把他們當小孩子看。如果他們覺得自己年紀夠大，可以要求特殊待遇了，那他們也應該出力負擔家務，來贏得那些特殊待遇。你可以跟他們說，「我會教你們怎麼洗衣服，一旦你有能力做，我們就開始計時，如果接下來的一個月內你都能自己洗衣服，那麼你就可以自己搭公車去購物中心，」或者其他你願意讓他們做的事。

「長大才有的特殊待遇，跟長大就要負擔的職責，是不可分割的，」吉爾伯醫師說：「人生的運作方式就是這樣。」

✓生活有所改變的時候就開始

很多原本待在家裡照顧孩子的家長，等孩子到了一定歲數後就回到職場。如果你也是這樣，那就可以把那個時間點當成起始點。因為你會需要更多的協助，所以反倒是一個機會。其他的生活改變可能也展現了同樣的需求——例如你的伴侶被調派到其他城市工作，或者你們決定再添一個孩子，甚至有人往生或是離婚、失業、搬家、接下了一個新事業等等。

✓任由孩子們唉唉叫

一旦孩子們過了那個「樂於幫忙」的階段，大部分都不大願意做家事（遺憾的是，通常這個時間都正好是他們已經大到有能力幫忙的時候）。又或者，孩子們願意做某一部分的家事，但他們不喜歡在你要求的時間做這些事。而且，任何有兄弟姊妹的孩子，一定都會打從心裡深信，他做的家事比其他人多，嘴裡也會這麼抱怨。

當你碰到這個情況，請記得：**就算你目睹了什麼，也不一定要有所回應。**這種小鼻子小眼睛的抱怨很容易影響我們。**有沒有搞錯？**你才剛結束一天的工作，還要做晚餐，而且上床睡覺前除了洗衣服外還有一大堆家事要做，而他們連餵狗這種小事竟然都要唉唉叫？

更何況，沒有什麼比孩子連做個簡單家事都要抱怨，更叫我們質疑自己教子無方。我們討厭「叫他們做家事」，部分的原因來自於他們的反應。當我們要他們幫忙時，如果他們不高興，就會影響我們的情緒，而且我們也討厭使盡各種辦法才讓他們就範的過程。

那麼，碰到孩子抱怨時怎麼辦？也許連你自己也不想做家事呢；但你明白，而且他們遲早也會明白，抱怨只會更讓人受不了。在他們還沒學會那個道理之前，為了你自己的快樂，可以的話，就把抱怨當耳邊風吧。

以下是其他幾個簡單的建議：

降低你的標準。這可能不適用在洗碗這件事情，但話說回來，把髒的餐盤好好裝進洗碗機的方法多得很啊。

簡化家事。「我會叫我家三個女兒盡早把髒衣服洗一洗，」住在麻省、三個孩子都已經成年的黛娜說：「我要她們把各自衣服裝進洗衣袋裡（我把洗衣袋當洗衣籃用），一旦滿了，就整袋用冷水模式洗。不用分類。」

口袋裡隨時準備幾句好聽的話。碰到你想大吼「給我閉上嘴去做事！」時，幾句好聽的話和同理心，會讓情況所有改變。「當他們唉唉叫的時候，」住在加州的朱蒂說：「我會試著用同情的角度來看。」同樣來自加州的瑞貝卡說：「我也討厭洗衣服啊！光是想像一個人必須得幫全家人摺疊衣服、收好，就讓人受不了！」

教孩子們記住家事的方法。克雷德茲克教她的三個女兒利用便條紙、手機行事曆提醒、前一晚睡前把東西擺在門旁邊，這樣，隔天一早就不會忘記。

讓別人來教你的孩子。「身為一個想辦法要經營生意同時養育兩個孩子的年輕寡婦，我很快就發現，自己缺乏教孩子做家事的專注力、耐心，還有毅力。我的解決辦法，就是聘了一個課後保母。讓他來教我的小孩怎麼洗衣服、洗碗、用吸塵器，同時，整個過程中他還能堅定立場好好檢查，這是孩子們需要的。他讓我可以理智不斷線，享受自己和孩子的相處時光。」

住在奧勒岡州如今已經當了祖母的喬伊說。

做好長期抗戰的準備（或者就接受你家的狀況吧）

為了撰寫本章，我與家長們訪談，過程中，我越發了解，不需要提醒就會自動做家事（不管是清掉碗盤上的殘羹剩渣或是洗衣服）的孩子，是少數中的少數，而且我們大多數人都要花很長的時間才能把孩子教成那樣。而做家事不抱怨的小孩，更是鳳毛麟角。至於那些到你家裡會開開心心起床、吃完飯還會整理桌面的孩子呢？我跟他們的爸媽也聊過。他們在自己家裡，根本不是那樣。

要養成孩子做家事的習慣，就需要一以貫之，不能東改西改。在我們家裡，能達到這境界的場域是馬廄。每天早上，送孩子上學之前，我們會到穀倉看看有什麼餵食或清理的活兒要幫。這個習慣之所以得以養成，靠著三個原因：這是週間每一天同一個時間都要做的事；我也跟著孩子一起做；這件事不做不行。這就是例行工作的本質。

不過，在訪談完家長們之後，我對孩子、對自己、還有對伴侶的期待有了改變。首先，我跟我先生達成了共識：家事很重要，那怕有家庭作業、有球隊練習，我們會要求家事優先，哪怕是我們自己來做比較快的事也一樣。其次，我們改變了策略，讓每一個孩子各自負責一件大家事，時間長達一年（準備午餐、餵家裡的動物、把洗碗機裡洗好的碗盤拿出來，或者每天晚上把垃圾拿出去丟）。至於剩下的家事（晚餐前後要做的事）則是讓他們每個月輪流，而不是每週換一次。還有，針對晚餐後的善後清潔工作，跟孩子們談好，取得公平分工的共識。不知為何，「這是你九月份的家事」的說法，比起「輪到你收拾整理餐桌了」有效。話說回來，總有人會忘了做，而且，「總覺得他的工作量比較少」的怨懟，也一定都會存在嘍。

接受現實吧（需要時間去建立孩子做家事習慣、需要耐心等他們做完，以及，不管怎麼孩子都會抱怨），這會讓我們快樂多了。我們知道必須提醒孩子們做家事，而當我們每次提醒時，不用覺得自己是失敗的爸媽，這會讓我們少掉大吼大叫的戲碼，只要再提醒孩子一次就好。

第3章

手足之間的歡樂與衝突

「你給我出去！」

「這也是我的房間！我不必聽你的！」

「可是我上來房間做功課就是要遠離你。我在做正經事！」

「我也在寫作業耶！我得背這個『繆斯女神啊，請為我們吟誦這個男人的事跡，他命運乖舛，一次次被迫偏離航向……』[3]」

「不要再唸了！」

3 譯注：古希臘吟遊詩人荷馬（Homer）的史詩鉅作《奧德賽》（*Odyssey*）一開始的文句。

「他曾攻破─神─聖的特洛伊城─」

「我說不要再唸了！」

「可是我得讀會這個啊！我就是要！」

「媽──」

能養到兄弟姊妹會彼此相親相愛、玩在一起、互相幫忙，不是很歡樂嗎？是啊，要是這樣就好了。相反地，我們這些孩子成群的爸媽卻常覺得自己像是黑手黨的老大，看著成員間不斷變來換去的敵友關係；另一方面，家有兩個孩子的父母，則會目睹著一場妒忌、競爭、還有愛與恨的遊戲。當然啦，如果你家只有一個孩子，那麼，你聽到的往往是來自外在的抱怨：他會不會變得太自私啦、被寵壞啦、自我為中心啦、社會化不足啦？（研究顯示根本不會）

假如你是獨生子女的父母，那麼，你可以略過這章不讀，好好在一旁幸災樂禍。當然你也可以讀一下，看看有沒有什麼點子，好在跟親戚朋友聊天時派上用場。要是你有好幾個孩子，那就要繼續往下讀。提到「親職工作中你最不喜歡什麼？」這個問題時，處理手足爭吵，肯定名列前三名（僅次於例行晨務和家庭作業）。不過，在我撰寫這本書的過程中，處理手足間的爭吵已經擠下前兩名，榮登第一位：當時我的兩個女兒（十一歲和十二歲），兩人的關係差到不行。

本章一開頭的爭吵臺詞（連同《奧德賽》一開場的詩句），在一天當中會以各種形式一再發生，例如：「那是我的充電器！」、「不要再唱歌了！」、「我人就坐在那耶！」她們的爭吵成了全家人互動的焦點，也是讓我徹夜難眠的原因。我告訴我的先生，她們倆姊妹會毀掉我們的生活。

有個好消息報告：當我一邊撰寫本章一邊做研究的同時，發生了兩件事，順序如下：我找出方法來處理自己的情緒，並且應對她倆無休無止、越發嚴重的爭吵。而事情，就此變好了。

問題出在哪裡？

我當然會告訴你們，我做了什麼改變。不過，一如其他章節，我們先來看看問題出在哪裡。同時，我們也來看看「沒有問題的又是什麼」，這可能是身處混亂當下我們看不見的部分。沒錯，兄弟姊妹就是會吵架。根據父母親的回報與觀察研究結果，七歲以下的兄弟姊妹，每小時平均有三次到七次的爭執，每個小時花在吵架的時間總共是十分鐘左右。

十分鐘。我不知道你們怎麼想啦，但是我本來以為時間應該比這個長很多。也許父母對那些爭執過度關注，就是問題之一。看見「什麼出了問題」，比起「什麼沒有問題」，簡單多了。研究表示，孩子本能會想博得父母的注意力，特別是年紀幼小的孩子。這不見得是壞事，尤其青少年時期，兄弟姊妹的吵架，有助於他們練習區隔家人與彼此，進而訂出個人的界線。在爭吵中，免不了某種程度的推扯，甚至高分貝的謾罵與肢體衝突，這也都正常。

而父母親也常會把已經很糟糕的情況搞得更惡劣。我們會比較自己的孩子、會介入他們的爭執、會偏心其中一位，或者陷入他們要求「公平」的衝突之中。這是因為我們對於他們之間該相親相愛的期待太多，對他們要容忍差異且別互踩底線的要求卻又太少。

社會也是幫兇。有一位研究人員認為，媒體或許能幫孩子學會解決自己的問題，因此設計了一套計畫，讓孩子們閱讀相關主題的書和卡通，藉此來幫助他們找到解決的方法。結果她發現，孩子們學會的是別的事。波・布朗森（Po Bronson）和艾許麗・梅里曼（Ashley Merryman）在《教養大震撼》（*Nutureshock*）裡描述：「六週以後，兄弟姊妹關係的品質急遽下墜。」怎麼會這樣呢？這是因為媒體教了孩子「他們從沒想過的新方法來欺負年紀更小的弟妹。」參與那個研究的孩子們學到，兄弟姊妹本來就會吵架、彼此嘲弄。這位研究人員隨後針對二百六十一本描述兄弟姊妹關係的書籍做研究，發現一般書「所呈現的負面行為和正面行為，幾乎是一樣多。」看來，故事內容裡那些非刻意的正負面行為呈現，跟結尾那種「大家都再次相處融洽」相比，一樣有效地傳達，甚至更為有效。

除了這種描述兄弟姊妹關係的負面觀點之外，我們社會所鼓勵形塑的兒童生活的方式，也是造成手足關係崩離的重要原因。從前的世界，活動空間比較少而且住屋比較小，兄弟姊妹們可能會有更多空閒時間共處，而且也會有較多非排定的自由嬉戲時間去跟鄰居一起玩，手足當然也會參與其中。今時今日，很多小孩會花很多時間參加分齡的活動。即便大約三分之二的孩子依然跟兄弟姊妹共睡一個房間（我家的孩子就這樣），但在中上階級的社區裡，越來越多孩子都自己睡一間房。手足共處的時間減少，解決衝突就不再那麼必要，同時，能用來解決衝突的時間也被壓縮。

但這方面的研究也提供了一些好消息。因為手足衝突而不斷相互忍讓，可以協助孩子們學習處理衝突和協商，並且磨練他們的口語能力、調節他們的情緒，同時幫他們學習判斷別人的情緒。也許現代孩子跟手足相處的時間比從前世代要來得少，但時間還是很充足的：十一歲的孩子平均大概花三分之一的時間跟手足相處（比跟朋友、老師、爸媽，或獨處的時間都要多）。就算在青少年階段，每週也要花大約十個小時跟自己的兄弟姊妹在一起。

那麼，身為爸媽的我們，要怎麼降低衝突的等級、在孩子們鬥嘴的時候保持冷靜，甚至更上一層樓，去強化手足的情感聯繫，創造出一個整體而言更快樂的家庭？

改變觀念：如何處理衝突、改善衝突？

也許兄弟姊妹間的衝突真的很難避免，因此，我們不如從這個下手吧：當戰火越演越烈時，你能做什麼？

孩子開始吵嘴的時候，最重要的事之一，就是清楚自己的應對策略，而且不要懷疑。**一旦你決定要怎麼處理，就堅定地那麼做吧**。研究顯示，接受過訓練，知道如何處理手足衝突的父母親發現，重點在於處理自己的情緒反應，而不是處理孩子之間的爭吵。有人說，家中有五歲到十歲孩子的父母，在碰到孩子間爭吵時，首先是打斷他們，然後描述爭執的雙方觀點，接著要孩子們自己提出解決之道。除了這個建議之外，以下是其他你可以運用的點子。

✓你該介入或裝作沒看到？

首先，當孩子們開始吵架時，你是應該立刻介入、還是裝作沒看到呢？這牽涉到普遍原則

（通常該怎麼做？）以及臨機反應（此刻該怎麼做？）。

你該介入，還是裝作沒看見？這是教養策略上的原則問題，你是相信「孩子需要有人教，所以好的爸媽應該學會處理他們的情緒、解決衝突」（那就要介入）？還是相信「手足衝突只是為了吸引爸媽的注意力而已，因此讓孩子們自己解決比較好」（那就裝作沒看到嘍）。所以，你首先就是決定自己是屬於哪一種的「好爸媽」，然後，要嘛讓每一個孩子有均等時間說說自己版本的故事、接著要他們參與衝突解決的過程，要嘛你就是坐在沙發上大叫「你們這些孩子自己想辦法解決吧」，然後你繼續去做你自己的事。

但真有那麼簡單嗎？要回答這個問題，其實得先評估你的整體情況（你的孩子現在需要你給什麼），同時你得了解，過程會不斷演進。廣義而言，年幼手足需要更多的幫助。三到五歲的孩童，如果爸媽沒有介入，態度往往會表現得比較頑劣，而年紀稍微大一點的孩子（五到九歲），比較有靠自己解決問題的能力。話說回來，你的孩子通常是為什麼爭執？而你可曾提供他們解決爭端的方法呢？如果你覺得他們還沒有能力自行解決紛爭，那麼，你現在就得花時間協助他們，之後才能放手。

同時，即使發生衝突的是小小孩，你也不能低估問題的嚴重性，《讓小小孩聽懂你意思的說話術》（*How to Talk so Little Kids Will Listen*）作者之一喬安納．妃博（Joanna Faber）說：「不要跟他們說『那只是積木而已，不值得為這吵架』之類的話。對他們來說，在那當下沒有比積木更重要的了。相反地，你應該點點頭說：『天啊，這真是個難題』，然後把你聽到的再說一次：『克麗歐想要玩積木，但是柯林想要把所有的積木用來蓋他的塔。』」她如此建議。「如果你提出解決方法，很快地他們也會開始把那個解決辦法用在彼此身上，」她說。

「藉由提供某種針對他們問題的分析評論，你做了兩件事，」該書的共同作者茱莉．金附議：「你讓他們看到，你聽見他們的話了，而且你懂。同時，你緩和了一切，這樣他們才有辦法也聽到彼此的心聲。站在彼此的立場想，這是我們能教給孩子們的最重要的能力之一。」

年紀較大的孩子應該有能力可以站在別人的立場看問題，不過，並不表示他們不需要別人指導（或敦促）就能夠這麼做。要是你聽到兩個只會爭辯卻無法解決問題的孩子爭來吵去，你應該要考量當下情況，同時想一想，他們現在進展到哪裡，根據這點來決定你的下一步。

至於大孩子，也許他們很清楚對方的立場，只是選擇裝傻，又或者，他們雖有能力解決卻因為情緒而吵到翻天覆地。假如你需要介入，那麼，你的目標跟面對小小孩時一樣，讓他們明白你聽見也理解他們的心聲，然後再協助他們聽聽彼此的心聲、了解彼此的感受。只不過，你要採取的策略可能會有點不一樣。你要等到他們冷靜下來了，再跟他們談，不然就是利用幽默去化解不快。（用幼稚園老師那種誇張的聲調找他們談，可能會滿有效的。）

不管你決定讓他們自己解決，或者決定要親自出馬平息爭執。切記，你不必要求自己每次都做對。

行動：處理孩子們的衝突

一般而言，手足間的衝突可以分成四大類：忌妒、所有權之爭、爭奪領土，以及純粹壞心眼。而這四類的任何一項衝突，又可以分成：無傷大雅的日常拌嘴，和嚴重傷人的話。當你越教會孩子自己處理一些衝突，那麼，他們的衝突就越有可能維持在無傷大雅的這一種。隨著孩子的年紀漸長，「不要介入」才是該做的。

「當仲裁者，總是讓我情緒緊張。」住在德拉瓦州、有兩個青春期女兒的洛莉說。不管她說或做了什麼，女兒們「好像每次都有一個人覺得我偏袒另一個。」

抽離仲裁者的角色，會讓你變成更快樂的父母，只不過，你必須一開始就建立好一套你們家碰到問題時的處理準則。先從介入、傾聽、重述情緒開始，教他們找出真正出問題的是什麼（在兄弟姊妹面前發洩沮喪的情緒很安全），學會最起碼的同理心。最後，退後一步，讓他們自己解決。（順道一提，我就是栽在最後這一點上，不過，這點之後再聊。）這算是個很棒的全面性策略吧？以下，就來討論最常碰到的衝突戰場。

✓ 嫉妒

「欸！她的那一份比較大！」好多兄弟姊妹的針鋒相對，歸結起來，不過就是那樣：她得到的那份蛋糕比較大、他占了汽車後坐，或者她在玩具廚房裡假裝料理出來的那份豬排。或者是，**你**。

這類拌嘴在孩子很小的時候就開始了。你看你，就在那兒抱著那個嬰兒，一刻也沒停過。開口閉口都是那個嬰兒。突然間，你家大一點的那個孩子、那個本來真的很想要一個妹妹的孩子，會偷偷地捏妹妹、或在你想要哄寶寶睡覺時用力甩門，而且，一逮到機會，就把妹妹會發出聲音的長頸鹿玩偶拿走。

對付忌妒，我個人最喜歡的策略是：「你還想要多一點嗎？」而這可以說是直接從阿黛兒・妃博（Adele Faber）和伊蓮・瑪茲里希（Elaine Mazlish）的書《如何說孩子才能和平相處》（*Siblings Without Rivalry*）裡學來的：

我看到你拿了妹妹的長頸鹿。你要我幫忙找你的玩具嗎？

我發現我在哄寶寶睡覺的時候，你很難保持安靜。現在妹妹睡覺了，你要多一點抱抱嗎？

噢，你覺得她有很多義大利麵啊。我們還有喔——你還要多一點嗎？

別急，我聽到你們的心聲了。這不是萬靈丹啊。你心裡有很多「可是……」的疑惑：可是，我還是得哄寶寶睡午覺啊；可是，她不要她以前那些舊的嬰兒玩具；可是，義大利麵不是每次都夠。或者，就算還有義大利麵，給她也是浪費，因為她不會吃啊；可是，我家那個孩子，只要是妹妹的東西，她一定都要。

或許你們說的這些都會發生，不過，與其把我說的這個方法看成是單一的策略，不如試著把它當成是一個處理的準則。在我們家，東西都夠每個人用，但這並不表示每個人永遠都可以得到他們要的一切。有時候，這是表示「我明白，你不高興她有一雙新的運動鞋。當你需要鞋子的時候，我們也會買新的運動鞋給你」。處理忌妒，處理的是忌妒別人的那個孩子，而不是被忌妒的那個孩子。你需要什麼？你可以做些什麼，達到那個目的呢？

藉著不斷告訴孩子「我們來關心你、想想你的感受、你想要什麼、還有你希望的是什麼，而不要老是想著別人有什麼」的這個舉動，你把焦點轉移到比較正確的位置上。你的孩子無法永遠控制她的兄弟姊妹有何遭遇——而且，她也無法控制其他任何人的遭遇吧。她一定還會有想要別人所有物的時刻。孩子能控制的，是自己如何應付那種感覺。

✓可是這不公平

如果你可以把下面這句話烙印在腦海裡，你會成為比較快樂的父母：**公平不一定表示平等**。就算青春期女兒跟她六歲的妹妹兩人都打曲棍球，爸媽還是會分給她比較多義大利麵。她們不一定同時都要買新的冬季外套。並不因為你昨天有空載其中一人去朋友家，就表示你今天有義務也要載另一個去戶外遊樂場。

你能為孩子做的，是盡你所能地去化解他們的比較心態。碰到一再出現的爭吵時（好比進了電梯誰按樓層按鈕或是誰可以坐在前座），你可以預先準備好某種應對計畫。我最喜歡住在西雅圖的莎朗的點子，她是三個孩子的媽。他們家的孩子每週各有兩「天」可以自由作主，「可以吃掉最後一片剩下的餅乾、可以第一個走、可以坐在媽媽旁邊。」第七天呢，則由媽媽作主的。她的孩子現在都是青少年了，而打從孩子還在學步的時候，她就開始執行這個方式。

你希望孩子們共同解決問題的時候可以尋求「公平」，所以，在孩子們還小的時候，你就要教他們找出妥協和解決的方法。碰到要平分像是餅乾或蛋糕這類東西的時候，很經典的做法就是「你來切，我來選」，或者，碰到要分工合作的時候，可以選擇「你來我往」的方式（你選一個，我選一個）。研究指出，年紀較小或體力較弱的孩子，很容易在爭執中落敗，因此，碰到這種情況，雖然你可能必須介入，但重點是教會孩子他們自己能學以致用的技巧。

「**真正的問題不在於家長是否介入，**」擁有兩個孩子的臨床心理師蘿拉・瑪克漢（Laura Markham）說，她同時也著作有《平靜的爸媽，快樂的手足》（*Peaceful Parent, Happy Siblings*）一書。「**問題在於偏袒。**」因此，特別是面對年幼的孩子時，你要坐下來促成一個大家都比較滿意的結果，那麼，當你不在他們身邊時，他們就更有能力去試圖完成妥協和解決。每個孩子認為的「公平」是什麼呢？他們有沒有辦法站在兄弟姊妹的立場想，同時也問問其他兄弟姊妹，怎麼做算是「公平」？

也許到頭來，你還是得跳出來去除千奇百怪的爭執原因：「**如果你們無法達成共識看什麼節目，那大家都別看。**」「**你們要是不能玩在一起，那我就要把「湯瑪士小火車」的鐵軌組暫時收起來。**」就算是這樣，你也別煩惱，你的孩子會慢慢進展彼此間的關係，而且，你的目標是讓他們學會告訴彼此自己想要什麼（而不是他們不希望對方有什麼）、學會思考別人的立場，同時找出自己能接受的「公平」解決辦法——不然，他們就得接納你所提出（幾乎都很中立但是沒人喜歡）的解決方式。

你自以為對每個孩子都是公平以待，但你真的「公平」嗎？爸媽也好，孩子也罷，大家都是人。人跟人之間，有些人就是頻率相通，有些人比較容易讓人理解他們的行為，有些人會讓人覺得比較難搞。於是，你可能會跟你的小女兒無話不說，也可能跟喜歡爭辯的大女兒不對盤。有些人會覺得年幼的孩子比較好應付，有些人比較會處理青少年的事。

「爸媽們需要注意的是，我們是否滿足了個別孩子的需求，而不是去擔心每個孩子是否同時得到了一模一樣的東西，」瑪克漢博士說：「當我們聽到孩子抱怨『那樣不公平』時，會覺得很惱火，因為那好像是對你我的攻擊。」她認為，除非你感覺最近因為照顧寶寶占去了你所有的時間、或是你近來真的太專注於讀國中那個孩子的班際戲劇表演，所以覺得自己有所偏心。

萬一那就是你現在的狀況，你也不需要因此在仲裁孩子們的蛋糕紛爭中來個補償。你反而要選其他的時機，跟孩子談談（「嘿，我覺得自己最近跟你相處的時間不太夠——今天下午我們一起做點什麼吧？」）。有的爸媽會跟孩子保有一種特定的「約會之夜」的習慣，雖然你不一定得這麼做，但你跟每一個孩子，確實應該都各自有一種穩固的單獨連結。那就是你維持凡事「公平」的方法。如果孩子跟你的單獨連結夠穩固，他就比較能看著你對別的孩子好。

總之，要預防「那樣不公平」這句話出現的最佳辦法，便是試著在孩子各自不同的需求之間盡可能維持平衡，同時確保每一個孩子都感覺到自己被看見、被珍惜、被關愛，而且在家族成員間擁有重要地位。

✓物品的所有權：你必須分享嗎？

「那是我的！」

「可是你又沒有在用！」

「可是那是我的！還給我！」

「這是我在車庫裡找到的。你好幾個月連碰都沒碰它一下了！」

「我不管。我剛好就在找。給我！」

「你只是因為東西在我手上就想要回去！」

「爸——」（兩人同時）

於是，你就得前去處理這種（人類亙古以來）常見的兄弟姊妹吵嘴事件了。他們爭的到底是「什麼」？根本不重要。有可能是魔術方塊、一枚金幣、或是夾在少女雜誌裡的廣告單。

在你解決這類物品所有權紛爭時，得先回答一個根本的問題：你的孩子必須分享嗎？

這問題乍聽好像很離譜，除非你看過熙瑟・舒馬克（Heath Shumaker）的書《誰說一定要分享》（*It's OK Not to Share*）。舒馬克的母親是幼稚園老師（熙瑟小時候也上那所學校），她在孩子身上實施了她統稱為「叛徒」的各種點子。其中一種做法，就是孩子們不需要分享。如果他們在玩玩具，那就由他們做主，決定什麼時候要給其他孩子玩。

「年幼的小朋友還沒準備好跟大家分享，」舒馬克觀察到，「不過他們已經願意輪流了。」有些家長會教育五歲以下幼兒放下手中玩具暫時讓給其他也想玩的孩子，但她認為這觀念是錯誤的；相反的，她主張父母親應該幫孩子捍衛他們好好玩玩具的權力，並相信其他的孩子有能力等待。孩子當然可以跟對方說：「我還沒玩夠。」

我的女兒上幼稚園時，他們學校的遊樂場就實施「輪到誰，就誰玩」政策。每一次一個人玩，直到玩的人覺得玩夠了為止——這背後的理論就是，孩子們其實也玩不了多久就會累了。當時，我的女兒經常抓著單槓一直盪來盪去，右手盪累了換左手盪，然後再換手盪，直到戶外遊戲時間結束為止。其他的孩子會耐心等待，可是卻一直輪不到，因為我家孩子的體力跟興致似乎無窮無盡，特別是當她知道有別人在等的時候。結果幼稚園必須把規則改成「換一次手就要輪下一個人玩」。

如果你也遇到這種情形，那不妨稍作變通。例如你的孩子會在喜歡的玩具旁邊會一待就好幾個小時，吃完飯又衝回去玩，連晚上也睡在那兒，醒來又大叫「我還沒玩夠！」那麼你們也許可以設定玩遊戲時間或使用限制，或者不管輪到誰，最多就是玩到睡前。重點是，你要找到一個實行起來覺得開心的有效方法。

這種「有權不分享」的概念，比較適合五歲以下的孩童。等到小孩上小學以後，我們就會希望他們有所改變，尤其是對家中共用的東西。否則，讓一個十三歲孩子以「輪到的人可以玩久一點」概念來使用家裡唯一一臺電腦，而沒顧慮其他成員的需求與感受，那可不行。

話說回來，對於十三歲孩子和他的電子設備（尤其這東西還是他自己存錢買的），最好是只限制他的使用時間，別要求他分享給兄弟妹妹用。我們都會對某些物品有所依戀，因此，可行的家規，可能是「只要姊姊還沒做好準備，就不必分享自己的東西。」

回來說車庫裡那個神祕的物品，那件好幾個月（甚至好幾年）都沒人碰、如今總算有某個孩子想用的東西，該怎麼處理呢？如果大家都知道那東西屬於誰的，那麼，最保險的方法就是支持物歸原主，這道理很清楚，就算是家裡最年幼的孩子也可以了解。「他說的沒錯。如果他還要的話，東西就是他的。但是兒子啊，你應該知道吧，那個『湯瑪士小火車』對現在的你來說太幼稚了，不過，如果你不這麼想，那麼，東西就還是你的。」

至於那頂無主的球帽呢？我的親身經驗告訴我，如果爸媽不幫忙解決，那孩子最後可能拳腳相向。這時我會稍加調查，看能否判斷出是誰的，或者找出其他頂帽子。然後，我會挑明說：「聽好，你自己知道帽子是哪來的。如果這頂不是你的，就還給人家。如果你們沒辦法達成共識，那就把帽子給我，你換一頂帽子戴。」

✓個人空間

談到個人空間的保衛戰，不外乎兩個議題。一，孩子想不想跟大家相處；二，這是屬於誰的領域。小孩子吵的，往往是其中一個議題，或者，兩個議題都包括在內。

如果爸媽完全不介入，往往會造成一種結果，就是默許年紀較大、身體較強壯的孩子得利。我們碰過這樣的問題，我們十二歲即將進入青少女時期的大女兒想要個人空間，而另一個看起來比實際年齡小的十一歲女兒，吃了一點苦頭才找到自己的立足之地。她們經常爭吵：她們的臥房、她們的朋友、她們在彼此朋友前的行為——這些都可以是吵架主題。如果其中一個人說：「外面很冷」，另一個就會回：「才沒有。」

其實小女兒很崇拜自己的姊姊。她想跟姊姊在一起，就算她討厭被排擠也一樣。不管姊姊去哪兒，妹妹出於愛姊姊、想跟姊姊在一起的渴望、以及略為自虐傾向，就是要跟。最後，十二歲的姊姊只好比全家人提早一小時起床，好擁有自己的時間。

有一天早上，我們被吼叫聲、甩門聲、還有用力跺步聲吵醒。「她起床了！她故意的，還趁我打開浴室門的當下鑽進浴室，打開蓮蓬頭要洗澡！」姊姊暴怒指控。

我們花了很長時間才讓兩人都冷靜下來，隨後我找到了妹妹的鬧鐘。果然，她設定了鬧鐘提早起床。

在年長和年幼的手足之間，這種互動很常見。如果有一個想獨處，而另一個想在一起，而你若沒從旁協助，想獨處的那個孩子，可能就會找不到任何自己的空間。年幼弟妹的頑強固執，可真教人大開眼界。

「我就是那個站在哥哥房門外敲門的妹妹，」舒馬克說：「我是那個想要玩伴的小孩，哥哥則是鍾愛自己私人空間的獨行俠。不過，當他准許我進房間、跟我一起玩的時候，我感覺自己是全世界最快樂的人。」我們該怎麼協助自己的孩子，一方面要開始尊重其他人想要個人空間的需求，另一方面又要他們再次張開雙臂歡迎弟妹呢？

「我覺得，家長們需要決定孩子們可以擁有什麼樣的空間領域，是自己床鋪或小小衣櫥？」舒馬克如說：「如果孩子有自己的臥室，那麼，他們就應該有權決定要不要讓其他孩子在他的房間裡。」有些爸媽則建議可以指定「獨處時間」，例如下課之後孩子們馬上擁有各自的「獨處時間」。「小孩子也許不喜歡暫時被排除在外，」舒馬克說，「但如果他們能等待輪到自己玩玩具那樣，他們也有辦法應付這個的。」她也建議，可以問問年紀較大的孩子，什麼時候願意跟年幼的弟妹玩。在我家，跟弟妹玩有時候可以額外賺到一點電玩時間，而且我們會故意挑那種需要團隊合作也需要競爭的電玩遊戲。

那次早晨的吼叫事件之後，我們找出了大家比較心平氣和的時候，讓雙方都同意遵守一些基本原則，這麼一來，讓姊姊擁有一點個人空間，而逐漸地，小女兒也開始接受要給姐姐一點空間，大女兒也想通了，然後她們又開始再次一起共事。

✓打架了怎麼辦？

在你還沒生小孩之前，可能會很有自信地說，碰到兄弟姊妹間互毆、互咬、或是互踢時，你會怎麼處理。但現在你當了爸媽，你知道事情遠遠複雜得多。你知道小孩子有辦法挑釁另一人，逼對方動手；你也知道，兩造雙方對「意外」原因有不同說辭時，誰都不可信；你還知道，他們有時覺得捏捏對方、戳戳彼此真的很好玩，但時他們又不這麼覺得，又或者，本來玩得好好的突然就變調了。簡而言之，事情就是困難多了。

孩子間的衝突對立，不但很正常甚至還很健康。但演變成攻擊行為，甚至出現某種形式的家庭暴力，就需要專業協助了。不過，大多數兄弟姊妹間的肢體相向，都算小事，即便事發當下你可能不這麼感覺。因此，對大部分家庭來說，重點是爸媽如何在過程中保持理性（相信我，要是每次車子後座有人踢另一個人你都要介入的話，你會發瘋的），好讓事情獲得控制。

怎麼知道何時該介入呢？其實，大部分時候你都不知道。也是有極少見的例子：你聽見嬰兒大聲啼哭，手臂上有咬痕，於是輕易地追查到坐在嬰兒旁邊露齒微笑的學步小娃；但絕大多數情況都是不清不楚。有個小孩被推倒、手臂跌斷，你急驚風似地怪罪另一個孩子，結果之後才聽那個受害的孩子說那是個意外；又或者，有個小孩的滑輪溜冰鞋輾過另一個孩子腳趾，他解釋說「那是個意外」，結果事後才聽到孩子哭著自首。

所以，在他們告訴你實情之前，提供幾個策略，讓事情容易一點。

小題大作。別輕忽，千萬別輕忽。就算孩子兩造雙方都說他們只是開玩笑而已，也不要等閒視之。你要介入他們之間，重申你們家的規矩：不允許毆打、捏人、不可以抓人家的腳，還有，就算發生這種事，也不可以踢抓你腳的人。（就算你講的不是之前說過的規矩，也沒關係。）

不要小題大作。另一方面，根據家庭成員和過去經驗，你或許有時候可以裝沒事。我家三個小孩有時會拳腳相向，但是他們身高體重都差不多，而且每一個都會打人也會被打。他們的盟友換來換去，也沒有固定的受害者或加害人。手足之間會用戳人、槌人、踢人的方式傳達沒辦法用其他方式表達出來的情緒。

公平對待加害者和受害人。當你所擁有的資訊只有一邊是他說、一邊是她說，然後有人做了什麼事，接著另一個人做了什麼事，然後，有人哭了——這個時候，試試以下的法子：平等對待兩造雙方。如果有人受傷，需要抱抱秀秀、要人同情，那麼，就把大家都叫過來。「噢，她打你的地方一定很痛。噢，你一定氣到不行才會那樣做。這真是太可怕了！我們該怎麼辦才能改善狀況呢？」

你也可以反其道而行，要是這群孩子讓你感到很挫敗，那就把氣平均出在每個人，但不要怪罪任何一個人。「夠了，玩樂時間結束。你——去把洗碗機裡洗好的碗盤拿出來。你——給我上樓去，把所有的髒衣服收下來。」

沒有誰是無辜的。舉例來說，要不是你故意張開手要「熊抱」不想讓你抱的人，那麼，對方就不會揮舞著手把你推開，你就不會被打到。又或者，人家好好地在沙發上看書，要不是你橫躺在沙發椅背上還把自己的腳放在人家的脖子，人家就不會把你推下去。

✓有時，孩子純粹只是惡作劇

有時候，根本沒有衝突，只不過是孩子用老掉牙的伎倆使壞：重複兄弟姊妹說的每一句話啦、在沙發上一直擠直到其他人被擠得手都沒地方擺、故意用手去摸弟弟正在吃的餅乾，或者走到姊妹身後用冷冰冰的手指觸摸人家的脖子。

這種惡作劇所衍生的吵嘴可能教人很難忍受，讓你開始糾結：**我是不是應該要阻止他們？什麼時候我該制止他們？我該怎麼做才能讓他們停下來？**安東尼．E．沃爾夫（Anthony E. Wolf）在《「媽——傑森對著人家吹氣啦！」》（*"Mom, Jason's Breathing on Me!"*）一書裡提供了建議：只要你一開始覺得煩，就制止他們，但不要偏袒任何一方，或者不管他們爭論的是什麼，都不要置喙。**繼續做你的事**。

✓你該說什麼話？

不管他們是真的吵架或只是一般的拌嘴，我發現，比起腦子裡一想到什麼就嘶吼出來，有明確、事先想好的話可以用，對我來說有用多了，而且大叫大吼幾乎都沒什麼用。以下這些話，大部分都不是我自己想出來的——它們是我這些年來，閱讀同時撰寫教養主題的書，所收集而來的；也是我自己多年來想辦法改善我家孩子手足衝突，一路學習到的。有一些我最喜歡的話，我找出了出處，其中有好幾句話，我很常說，孩子們聽到都會翻白眼了，他們曉得我說那些話的真正意思是「我了解你很不高興，但是我真的幫不了忙」。有些話來自於《如何說孩子才能和平相處》這本書：

我有信心你們兩個人可以找出解決的辦法。

東西是你的，要不要分享的選擇權也在你。如果你願意分享，那當然好，如果不願意，也沒關係。

還有從《「媽——傑森對著人家吹氣啦！」》這本書裡學到的話：

聽起來真叫人喪氣哪。

天啊，那一定超討人厭。

有時候我忍不住想，上面這兩句話本身也有點教人喪氣啊，只不過，這些話有時會誘導孩子繼續往下說，直到他們找出自己的解決方式或是發洩完的情緒。重要的是，你要記得，**你不需要進入他人情緒裡**。她感到沮喪，她覺得很煩。而你，不必隨之起舞。

我的孩子們還小的時候，我用的語彙跟教導比較有關，而不是讓他們自己想辦法解決。下面幾句是從《平靜的爸媽，快樂的手足》一書學到的：

看起來我們好像面臨到問題了。我們可以解決的。

你能不能把自己的感受說給哥哥（弟弟）聽？

你覺得姊姊（妹妹）會喜歡那樣嗎？

你聽到哥哥（弟弟）說的是什麼？

我還找上父母社群，問問他們，當孩子吵架時，他們固定的回應說詞是什麼？不少人提供的說詞都類似「只要沒有人流血，我就不想聽你們吵架的事」。我把這些家長的說詞條列如下：

你可以生氣，但是你不可以刻薄。——德州奧斯丁市的潔西卡．麥克森

沒意外的話，你們彼此相處的時間，會比我在世的時間還長，所以，自己想辦法解決吧。——堪薩斯州的安潔雅．侯格

你幹麼對我說這個？聽起來跟你有問題的是他吧?!——伊利諾州的凱倫．史密斯

沒有共識是嗎？那誰也別想要這個。——紐約州的羅伯．瓊斯

誰先挑釁的，根本不重要。——紐約市的傑洛米．薛頓

我也有兄弟姊妹。我知道那是什麼情況。我不需要聽整個來龍去脈。我相信你們沒有我也可以解決得了。——德州的柏娜黛特．諾爾

你們是誰啊，在我家幹什麼？——紐約市的黛比．安姆倫

✓什麼時候該抽身？

我和我先生很習慣調停多位兄弟姊妹的爭吵拌嘴和變來換去的敵對關係，這並不是因為我們是完美父母，而是從一個龐大又有點複雜的家庭裡所經歷的成長過程而已。孩子們吵架的時候，我們曾坐在中間，教導他們好好思考彼此的立場。我們也曾經向孩子們示範怎麼協調、解決空間或物品的爭議。我們還曾經教他們用其他方式來取代用肢體表現憤怒，例如大叫「我真的好生氣」，以及「我現在不喜歡你」，或者躲進某個安全的空間裡。所以我們的孩子已經會開始問自己的內心：**我為什麼生氣？真正的問題是什麼？我能做什麼改變，而且，我得和什麼共存？**因此，我認為我們已經達到了「不必介入」的階段。

可是，我依然沒辦法放下。我曾在深夜開了五個小時的車，回到家還是很生氣。我開始氣

沖沖地訓斥她們老是在吵架，就算她們當時並沒有爭吵也一樣。說穿了，是因為我很害怕。要是這情況永遠不結束怎麼辦？如果我們家有人不合，而破壞了全家長期幸福快樂，會怎麼樣？

大概就在那個時候，有點絕望、非常淒慘的我，開始寫這一章。我閱讀了調查研究、跟爸媽們討論他們自己的孩子怎麼吵架、還有她們處理這種事情的時候怎麼控制情緒。我才慢慢地發現，我親眼目睹女兒們之間上演的，並不是某種破壞家庭的連續劇，而是只要用一般方式面對的尋常事。

他們都在長大，需要找到跟別人共存的新方法。而我需要做的，就是放任一切發生。我不需要再介入她倆之間，確認她們聽見彼此、了解彼此；我更不需要選邊站。我需要做的，就是退一步。**就算你目睹了什麼，也不一定要有所回應。**她們吵嘴，我就讓她們吵，不用說教，也不會氣沖沖地走過去參和其中。如果我有什麼要說的，我會事後再說，而且是分別對他們講。（對姊姊：「謝謝你沒有跟妹妹吵，她那時候才因為剛剛要做家事所以很生氣。」對妹妹：「你知道你氣的不是姊姊，是你自己，對吧？我們一起想辦法找出一個處理那種狀況的辦法。」）引用了有五個孩子的老爸羅伯的話：**「他們相處得很融洽，吵架也吵得很兇。」沒有什麼事出了錯。**

✓不只解決問題，還要增加歡樂

處理手足衝突，只是為了增進家庭幸福。我們不僅希望孩子們減少爭吵，還希望他們長大能相親相愛。所以，我們重要的是，主動製造出有意義的快樂時光。怎麼做呢？

好壞都要接受。諷刺的是，想讓孩子們的關係和樂，就意味著得要接受一些不好的事——尤其是他們對彼此的負面想法和言語。剛剛當上哥哥和姊姊的孩子，常會說弟妹是「超討厭」寶寶。年紀大一點的孩子可以列表告訴你，為什麼他們的兄弟姊妹爛透了，其中還包含所有曾對彼此做過的壞事。

「接受孩子的情緒，」舒馬克說：「不論是忌妒、懼怕、慾望，都不用害怕，只要誠實以對就好。接受孩子的情緒，不要說『噢，我知道在你內心還是愛寶寶的』，這麼一來，他們反倒會更快喜歡、愛上彼此。」

當你的孩子可以不擔憂或恐懼地向你表達這些情緒時，也正是他們化解掉這些負面情緒的重要時刻。討厭新的妹妹、或者對兄姊的怨怒……這些對小小孩來說，是很重要的情緒。倘若你的孩子可以對你說出「我超討厭他！」而且不用擔心被趕出家門，或者爸媽不會對他說「寶寶需要我、而你也需要我，這真的讓我們左右難為啊」，又或者你回應他「我知道，以前我哥哥有朋友來的時候，他就會把我排除在外，我也超生氣的」——這些都讓孩子知道，有那些想法是沒關係的，這也讓他有能力忽略這樣的情緒。

讓情感進化。所有人都會變，包括孩子，而且特別是孩子。我的女兒們原本對彼此有很多負面情緒。而我學習在事情不惡化的情況下，讓他們持有並表達那些情緒。我讓他們盡可能一起解決問題，同時也幫助他們了解，那樣的情緒是合理的，而且有哪些情緒感受只是暫時的。

歡樂時光要把握。《快樂是可以培養的》（*Raising Happiness: 10 Simple Steps for More Joyful Kids and Happier Parents*）的作者克莉絲汀．卡特（Christine Carter）建議，我們可以自己訂立一個可以計算出歡樂時光的目標。「兄弟姊妹之間的正向互動必須比起負面的互動要多，約為五比一的比例。」她的理論基礎有二：一、人類比較容易記下負面的經歷而不是正面的經歷；二、當正向行為和話語大約是負面行為與話語的五倍之多，所有的夥伴關係都會比較成功。

因此，在不需要另外安排行事曆活動的情況下，請務必確保你們每天、每週都替兄弟姊妹們（無論年齡差距多大）安排了足夠的時間享受共處。讓他們一起做一些做起來開心、但你通常會限制的事（以我家的例子，就是電玩）。與其訂定上床睡覺時間，不如訂定「孩子時間」，然後給他們半個小時左右的時間相處。

另外，他也鼓勵大家多說些把壞時光變成有趣回憶的家庭軼事。我的大兒子曾經不小心揮到妹妹，害她臉撞到浴室櫃子的邊角，一開始，妹妹的眼睛腫得像顆乒乓球，隨之而來的是一道道深淺不一的黑眼圈。當時我的大兒子八歲，他以為自己把妹妹的眼球弄不見了。我們到現在還會拿這事來取笑。出去度假碰到的鳥事啦、很蠢的觀點啦、家裡某個孩子不小心被丟包在超市啦……那些全都可以變成流傳家族的故事。

給孩子們家庭時間以外的兄弟姊妹時間。鼓勵他們培養集體的獨立。兩兩一組，在超市裡派「任務」給他們，或是讓他們一群去看電影。度假時給他們出道難題，讓他們在你沒陪同的情況下一起完成。提醒他們要幫彼此注意安全，不只是大的留意小的。培養他們的同舟共濟感，同時，隨著他們長大，要讚美他們為了維持彼此皆為共同體所做的一切努力。

要看見快樂的時光。我們不見得非要孩子每天每分每秒都開心在一起才認為事情完滿順利。如果孩子們平均一個小時要花十分鐘吵架，那麼，還是有其他五十分鐘是和樂的吧。真的，這不算太糟。一旦你不再只看見那十分鐘，那麼你就能看見那剩下的五十分鐘。

好好享受好時光。當你的孩子們在做布朗尼蛋糕時，你就坐下來看著他們，享受這一切。你家年幼的孩子請教年長孩子學校功課時，你就好好地享受他們互相幫忙的景象。就算他們聯合起來對付你，你也要好好欣賞他們有彼此撐腰。那就是你要的。你要很得意才對。

— 第 4 章 —

讓人失心瘋的課外活動

關於孩子的運動和校外活動（例如音樂、西洋棋、或舞蹈），請容我大膽預測：當你家孩子完成最基礎的難度以後，總有一天，你會做出某些讓自己回顧起來也覺得失心瘋的事。

連開十小時的車，載著十二歲的孩子參加比賽或是表演。

連續三個月在車上解決家庭晚餐。

花在戲服、樂器、或某件裝備的錢，比花在汽車上的錢還要多，甚至讓你們財務吃緊。

你開始允許孩子曠課參加比賽、表演、或競賽。

也許你開始懷疑自己是不是瘋了，可是，身邊其他家長都在做一模一樣的事。

關於這些失心瘋的事，也許你會想（假如你有停下來想一想的話），問題不在你。你會覺得，要對抗這些席捲而來而且所費不貲的活動，根本像螳臂擋車啊。

你想的沒錯。那些都是問題。只不過……我們也得負些責任。

問題是：原本的「樂在其中」呢？

假如你家孩子的課外活動讓你難以負荷、覺得不快樂，那最有可能也最明顯的原因是：活動實在太多了，你的家庭時間被這些排山倒海而來的活動淹沒掉了，更別提你自己的時間。

對大多數父母來說，最直接的問題就是起點。很多中高階層的家庭，會在孩子們的運動和課外活動上投注可觀的金錢與時間。如今有超過九成的美國孩子，童年或青春期的某個時候都會參加課外運動，尤其是父母教育程度較高的孩子更是如此。

這使得父母跟孩子的相處時間增加了，但雙方都不見得開心。〈幼兒競爭〉（The Rug Rat Race）這篇論文調查發現，一九六五年到二〇〇七年間父母花在接送孩子參加課外活動、以及籌畫這些活動的時間明顯增加的；尤其是受過大學教育的爸媽。論文中提到，父母教育程度沒那麼高的孩子們多數空閒時間都用在跟鄰里朋友或親戚玩，而且一旁並無大人監督；然而，對於教育程度比較高的成年人而言，監督才是一切。社會學家安奈特・拉羅（Annette Lareau）稱這為「規劃栽培」（concerted cultivation）4。有能力這麼做的爸媽會奉獻出大量時間與心力，投注在孩子的課外活動上，幫孩子們報名、替他們安排時間、準備用具、同時接送他們前往各地。另一方面，已婚的父母為了孩子的發展，忙於分工與解決問題，與伴侶相處的時間卻越來越少：二〇〇〇年，伴侶相處的平均時間，每週不過九・一個小時，而一九七五年時卻有十二・四小時。兩相對比，一年下來就少了一百七十一個小時。

這些課外活動對我們的孩子來說，有一部份好處。直接說就是：他們能接觸到不同的學習概念和方法，而且能嘗試新的事物。課外活動和運動往往會堅持一種「就是要贏」的精神，這是許多學校課堂不會教的：運動和課外活動裡有贏家、輸家、排名、還有席次。競爭性的課外活動，給孩子們嘗試、失敗、輸掉、還有發展的空間。何況還有研究指出：做比較多課外活動的孩子，較不會涉及風險行為（例如使用毒品、違法、性交等等）。同時，孩子們參與課外活動，對於未來生涯規劃會有比較多機會、成績會比較好、畢業率也比較高。

這裡的關鍵字是「部份」。參加部份課後活動的孩子，跟因為缺乏資源所以沒有參加任何課後活動的孩子相比，學業成績比較好。話說回來，據我所知，也沒有任何研究指出，所有社

---

4 譯注：又作「偕同栽培」或「規劃教養」。

團（體操、公文補習班[Kumon]、小提琴課、足球、機器人社團）全參加的孩子，會比少某些社團沒參加的孩子要來得好；也沒有研究顯示，一年踢十二個月的足球，比一年踢四個月還要好。

所以，倒底是從什麼時候開始，我們無法對這些活動喊停呢？

這麼說並沒有誇張。相較於我們的童年，現在的課外活動，不只是選項更多，甚至類似的選擇已經多到了不可收拾的地步。以前的運動，是每週練習一到兩次、每週六比一場比賽、而且球季很短；而現在的運動，已經變成每週要練習兩次外加一場技巧訓練、週末要比賽兩場或好幾場（可能還要到外地去）、再連同好幾個淘汰賽、季外賽、加上假日的時候球員要參加（或應該要參加）加強訓練營或單獨與教練加強技巧訓練。你印象中的音樂課是每週上一堂、每天練習、偶爾公開演奏就好，而現在的音樂課是每週要上一次個人課、一次團體課，而且孩子上課與練習時，家長都要在一旁，同時，爸媽要購買CD，不論在家裡或車上都不斷播放孩子們正在學習的曲子。

對我們某些人來說，還是有輕鬆一點的選擇——娛樂性質的運動課程、鄰居家開的音樂家教課。不過，那些企業化的課外活動課程，真的很誘人啊，讓其他課程相較之下幾乎完全失色。追隨這些課程的家庭越來越多，而它們招攬的對象年紀越來越小。二〇一二年的統計中，美國人有將近三成的旅遊目的只是為了參加運動比賽，總共有五千三百萬名年輕運動員為了參與運動，四處奔走。

當然，家長大可對這一切說不，只是我們辦不到。有的原因很合理，有的則另待商榷。首先，我們的孩子不會主動來問我們：「我每週要練習四天足球、晚餐時間也要練、週末時利用搭車前往三場比賽的途中做功課，噢，還有，其中的一場比賽要來回開車四個小時，而且比賽是早上八點開始——這樣可不可以呢？」

事實是這樣的：當孩子來問你「我可以練足球嗎？」時，一開始是一個小而可愛的週末球隊。它會讓孩子們在戶外活動，而不是在家裡盯著螢幕，而且你就能好好看你的書、做你有興趣的事。這看起來是雙贏啊。

只不過，等小而可愛的週末球隊過後，一切都變了。其中一個家長好意地邀你家孩子來踢季後聯盟，或者，你家孩子跟你說，「所有的好球員」都要去參加地方足球聯盟的甄選。或者，跟她對練防守的朋友，明年夏天要參加足球營；所以她也可以去嗎？

而這個足球聯盟球隊的點子，感覺起來好像是個好計畫。然後呢，求好心切的教練又加進了另一個淘汰賽，主場的足球聯盟決定也要主辦一場淘汰賽。這些比賽都在週五，這是比較能讓多一點隊伍參加的時間，也意味著孩子必須缺課，而你得請假。你原本想拒絕，但是，球隊人很少啊。如果你替女兒拒絕了，那他們就沒什麼機會贏得比賽了。或者，也許球隊人很多，但教練說了，不參加這些初期比賽的人，就不得參加淘汰賽了。還有，別忘了喔——你的孩子很在乎。這是她的球隊。她很效忠自己的球隊。你曾經教她「不要放棄」，不要隨興就不參加練習或比賽。於是突然間，當你一腳陷進去，就沒有回頭路了。

不只足球，幾乎你叫得出名字的每一種課外活動都有類似情況。地方性或全國性的拼字比賽、地理常識或歷史常識比賽，還有數學盃、西洋棋盃、以及感覺無窮無盡的一堆機器人競賽和科學展覽；其他還有戲劇、即興表演與美術競賽、漫畫工作坊、社區交響樂團、合唱團、以及一般樂團。有的活動，你聽起來可能不陌生，但就像足球的例子，這些活動的頻率、強度、還有要求，都跟過去不一樣了。

如果孩子覺得自己想在某個課後活動中更上一層樓，那就「很難對她說『不』啊！」住在南加州的莎拉說，她自己從小就習舞，而且還在舞蹈教室教舞多年。「規模比較大的舞蹈教室現在都會增設『小小舞團』，訓練演出與參加比賽。這讓想參加的女孩子們壓力奇大。如果她們不加入，她們會覺得自己落單了——不參加比賽、沒資格獨舞、沒有上頭印了舞團標誌的T恤。」這些被專業包裝出來的「進階」，對我們的小孩而言吸引力十足，而且，對經營的大人而言，也是賺錢的工具。

然而，在我為自己脫罪，說絕對不能怪家長安排課外活動之前，必須坦承，父母親正是這一切瘋狂的背後推手啊。要不是我們相信這一套，那麼球季就不會延長、夏令營就不會招滿、舞蹈教室就無法生存。是我們自己要參與其中的，也許是想替孩子的成功盡力，也許是想加入因為這些活動而形成的社群裡。這不一定是壞事——前提是，你和你的小孩有因此而快樂嗎？

孩子的課外活動可以是全家歡樂與驕傲的來源。否則，它們就不會開始接管我們的生活，所以，我們要做的是找出適合我們的折衷辦法。

改變觀念：讓大家好過一點

有一項調查（調查資料來自一個接送小孩子的叫車服務公司）發現，百分之三十五的家長描述，處理孩子上下學和課外活動的交通安排，比報稅還教人壓力沉重。而且，要是孩子沒有得到足夠的玩樂和休息，那麼，課外活動對他們的益處可能不如你想像中那麼大。一個每週參加課外活動時間長達十五到二十個小時的高中生，會有比較多諸如憂鬱或焦慮的情緒問題。那可不是製造快樂青少年的配方，也不會讓他們的家人快樂。

當孩子年紀漸長，課外活動會像滾雪球似地越來越多，讓我們感覺事情好像失控。但是，事實不一定如此。一如我隨後在本章會探討的，抵抗隨波逐流壓力的父母，往往會發現，彈性其實比他們預期的要大。我們很多人犯的錯誤，就是把課外活動跟好玩與快樂畫上等號，而沒好好想想這些活動的各種要求，會怎麼影響我們的孩子、家庭，以及我們自己。

行動篇

✓大膽預測未來狀況

你不可能預料到所有的事，但當你開始想著要幫自己的孩子報名任何課程前，無論是小提琴或足球，都要大膽預測未來的狀況。先稍微想想不久未來會怎麼樣：這一個球季必須做到的事情是什麼？教練和老師們會有什麼樣的期待？會不會有其他家庭或孩子間接地仰賴你們家的人或小孩呢？例如：報名小規模的樂高機器人隊伍，意味著必須好好投入、有可能會成功，之後就會有更多的比賽。如果隊上成員很多，那麼，或許能允許幾個人缺席。

假如有一場季末的活動——你必須參加嗎？你真的想參加嗎？看看這個活動對你們全家人

會造成什麼影響。沙拉・鮑爾斯自從發現自己在她們家老大上音樂課時，必須在外面的小等候室裡跟讀幼稚園的小孩玩撲克牌，同時還得想辦法顧好另一個學步小娃，她就開始思考，某個孩子的活動進行時，其他的孩子要做什麼——因為，除非你開車接送，然後付錢找個保母，或者你有兩個保母，不然，就會碰到這種狀況。

時間的配合要依實際考量。「一個小時的足球練習，就要花上我們兩個半小時，」《少女心事解碼》（*Untangled: Guiding Teenage Girls Through the Seven Transitions into Adulthood*）的作者麗莎・達摩兒說：「找出那些雜七雜八用具、然後把大家送上車、載到練習場地，就要花費大家四十五分鐘的時間，接著再花四十五分鐘的時間離開、回到家、讓孩子梳洗。本來應該是每週練習三次、一共三個小時的練習，結果我們每週必須空出七個半小時。」你空得出時間嗎？

✓維護你家孩子的自我感

很多兒童的課後活動會變得瘋狂，是因為指導老師或教練認為你和你的孩子應該把他們的事（跳舞、小提琴、或棒球）放在「第一位」。一旦你需要二選一的時候，他們就會跟你說，一個真正的舞者／小提琴家／團隊合作的人，會知道該選擇麼什麼，即使你才七歲也一樣。

另外還有一個原因會導致你家孩子因為課外活動而變得不快樂，就是專業化的問題。「我看到好多女孩子將自己的自我認同感全依靠足球運動。」一所女子學校心理輔導師的達摩兒說：「當她們膝關節的十字韌帶一斷，她們的一切全都沒了。」她們的朋友、社交生活、空閒時間，一切都跟球隊聯繫在一起，如今全完了，起碼暫時沒了。「這一切是慢慢而悄悄發生的，」她說。「你幫六歲的女兒報名足球隊，接著你因為女兒的隊務忙到喘不過氣來，突然間一切都搞砸了，現在你家有個有認同危機的青少女。這可不是任何人想要的結果啊。」

你毋須害怕受傷而限制孩子的童年，但是你可以把每一個參加的活動，都只看成孩子人生的一小塊拼圖，以這樣的態度應對。比較不熱門的活動，例如卡通畫畫班、課後無伴奏人聲合唱團、或壁球等等，也許花的時間、投入的心力都會比較少。

你也無法控制你的孩子怎麼看待自己，不過，你可以跟她談談該以什麼為優先。除了她非常熱衷的某件事之外，人生依然豐富無比。大部分的孩子都不至於因為受傷而喪失了坐在鋼琴前的能力。就算你的孩子好像找到了自己熱愛的事，你還是可以幫他們分散風險，協助他們保有快樂。你要鼓勵孩子們繼續嘗試新的事物，也許跟朋友、兄弟姊妹、甚至爸媽一起參加活動，在多種領域中培養技能。

✓萬一你的孩子想放棄，那該怎麼辦？

當你的孩子想要放棄的時候（不管是她練了很多年的運動、學的樂器、剛剛才報名的課程、或是球季中要退出），你該怎麼辦？雖然這樣子的兩難處境，因家庭、因孩子而各有不同，不過，倒是有一些廣被認可的做法。

（大多狀況下）中途不可以放棄。很多家長說他們不會讓孩子「中途」放棄，無論球季、一個月的課程、或是一期的課，尤其是牽涉到眾人時，更不可以中途放棄。話說回來，凡事總有例外。

「我兒子八年級的時候，我讓他在球季中退出了一個非常嚴格的美式足球聯代表隊，」住在費城的安妮說：「我最後總算明白我必須尊重他對整件事情的厭惡感。對他來說，要堅持為球隊盡心責力（這是我想要的），會讓他的身體與心理都負荷不了。當我真正把孩子的話聽進去時便明白，讓他退出絕對是正確的。」

住在舊金山的蘇子也讓她女兒在第三季的季中就退出了高中模擬法庭辯論隊。「她當時很不快樂，我們從她參加的前兩季得知，那真的是非常重的負擔。她們那所高中有進入州冠軍賽還有全國冠軍賽。所以，當她說她真的不再感興趣、也沒再能學到什麼，而且她想擁有多一點空閒時間，我們也就同意了。」」

孩子們自己提出放棄。很多願意讓孩子放棄的家長，會跟孩子說，他可以選擇放棄，不過，他得自己提。

要孩子自己提出放棄，這會讓他成為決策過程的一部分；假如他當初開始從事這項運動或活動時年齡還太小，沒辦法做出真正的決定，那麼現在讓他負責決策，尤其重要。他可能從未想過自己有所選擇，而讓他有權力終止一切的這種方式，有助於你的孩子思考，一旦該項活動不再是他生活的一部分時，代表什麼意義。

可能最後他還是決定自己不想繼續了（所以，你會知道他不只是唉唉叫而已），只不過，有時這個決定，無法迅速完成。住在紐約州的丹妮絲說，她兒子（現年十九歲）八歲時跟她說，他想放棄學了兩年的鋼琴。「我說：『如果你不想學了，**你必須自己跟老師說。**』但他不想自己講，於是再也不提不學鋼琴的事。」她說：「我認為他只是在試探，」想知道說出來感覺如何，還有爸媽的反應如何。結果行不通，他就不再想了。「他之後還彈得更好，」她說，連同他現年十五歲的弟弟也一樣。兩個孩子都喜歡彈琴，因為這成了他們擅長的事。

沮喪的時候不可以放棄。有時孩子會有不當的放棄時機：沒選上一軍、沒選上獨奏（舞）、沒當上首席。

小孩子失落的時候，會有很多說詞，但那可不是讓他們感情用事然後放棄的時刻，也不是讓他們換到另一個團隊或去甄選另一個樂團，好迴避失落感的時機。如果你是這些決定的幕後推手，或者，如果你想讓孩子參加一堆不同的甄選，最後再挑一個最好的結果，那麼，你也許已經忘了孩子當初練習的初衷。你的行為也會造成其他家長和孩子的不快樂，因為席次和隊伍不斷重洗牌（這麼一來大家都會知道誰「最後」入選）。就算你的孩子不抱怨，但其實對孩子的負擔很大，而且，從來都不必面對自己在活動中並不頂尖的這件事，是無法幫助孩子成長。

相信你的直覺。有些活動是孩子從小就開始參加的，但有時候，該跟它們說再見時，就得說再見。**所有人都會變，包括孩子，而且特別是孩子。**當蘿拉的十二歲兒子選擇放棄他已經打了六年的籃球時，這位住在堪薩斯州的母親明白這決定一定很煎熬。「可是，籃球占去了大部分夏天的時間，讓他沒辦法做其他我老公跟他都愛的春夏季活動，好比野營和划獨木舟。我們讓他自己做決定，協助他明白當中的好處與壞處，也讓他了解，不管他決定為何，都會有所遺憾。」

不過，有時你的直覺會告訴你，現在不是孩子完全放棄的時機。住在賓州的珍妮說，當她五年級的女兒想放棄跳舞時，她感覺「她只是很擔心自己『不夠好』。那一年她試著要把所有的東西都放掉。」但她並沒有勉強女兒要維持一直以來練舞的強度（每週上四到五節課），反而對女兒說，每週最起碼要進行三個小時的身體活動。幾個月後，她女兒主動說想再繼續練芭蕾，然後就報名了四節課，如今她在一所藝術高中修舞蹈。

想想看有沒有別的方式。住在紐約市的瑪嘉莉說，她女兒五年級時，先生才終於同意讓她放棄長笛。「他們很常為了這件事吵架，不過，不學長笛之後，她喜歡隨意吹吹、挑選歌曲，只有沒有人強迫她就好。之後她帶了長笛參加夏令營，在那兒跟朋友們一同玩音樂。後來，上了高中，那所學校竟然有爵士樂團！還有兩個很棒、很支持孩子的老師！大家都鼓勵她要吹長笛玩音樂！」她女兒討厭的是鈴木音樂的教學法，還有家長給她的壓力。既然現在吹長笛很有趣，她就完全愛上長笛了。

學音樂的情況可能不太一樣。雖然我知道很多成年人（包括我自己在內）——感嘆當初沒放棄練樂器多好，不過，我們真正希望的，或許是自己**能知道怎麼**演奏樂器——在不必花時間、直接跳過苦練就變嫻熟的情況下——。

話說回來，就因為要耗費時間最後才能達成精通境界，於是很多家長主張，學音樂不是孩子可以說放棄就放棄的。根據他們的說法，在達到某個程度之前，學音樂確實不一定會好玩，而且，學音樂本身就是一種教育。學音樂跟學業成就之間，有一種細微但顯著的關聯性，很多音樂教育者指出，識譜跟語言學習很類近，而且，需要對數學圖型有一定了解。對某些家庭來說，音樂是一定得學的。

「我們一開始就說好了，每個小孩都要學一種樂器，學到十八歲為止，」住在佛蒙特州的莎拉說。她的三個孩子，現在分別是十一歲、八歲、六歲，每個人大概從四歲就開始學音樂。「這就是我家的傳統。所以，只要有孩子想要放棄，我就一定可以說：『好啊，你不想再拉大提琴了。那你想學什麼樂器？』然後，他們一定會考慮看看，最後決定自己不要再從頭開始。如今他們再也不談不想學了，因為他們都看見自己的進步，學音樂變得很有趣，最起碼很有成就感。但是，在他們小時候，經常有哭鬧大叫、吵著說不學的狀況，」她說：「不過，這個經驗某種程度上改變了我們的教養方式。我現在會用『這就是我們家的傳統』來應付很多事情。」

這些家庭把練習音樂當成日常的事，而他們的孩子，隨著年紀漸長，其中有些人會懂得自己的努力成就了什麼。很多人已然有了穩固的基礎，換著不同的樂器學；有的人則把音樂的技巧應用在合唱團、交響樂團、或其他樂團上，發現自己如魚得水。還有，就實際層面上，有些家長，也對年紀尚小的孩子說過跟莎拉類似的話，他們會允許孩子到了青少年時期，因為根本不夠時間安排所有的活動，而放棄練習樂器。

那麼，你要怎麼知道，什麼時候可以硬逼孩子繼續學音樂呢？沒有確切的答案，各種做法的支持與反對意見都有。如果強逼你的孩子，對你或你家孩子造成痛苦的話，那麼你就該停止強逼孩子，至少要找出一個替代辦法。

✓接受失敗這個禮物

如果你家的孩子跳舞、彈奏樂器、或是參加機器人、西洋棋、甚至運動比賽，那麼，恭喜你了。你給孩子們的正是潔西卡・蕾西在《失敗是給孩子最珍貴的禮物》裡所謂的「那個禮物」——失敗。

參加競賽，就要冒著失敗的風險，而你的孩子，遲早要失敗。他總有一天會沒被球隊選上，或是拿不到獨奏的機會。他會犯下輸掉比賽的致命錯誤。他的隊伍，明明比得非常辛苦卻輸掉比賽。他會很難過。那你呢？

孩子不開心的時候，你還是可以很快樂。當然，你會替孩子感到沮喪，也會陪著他沉浸在他的沮喪之中。不過呢，你若把目光放得更遠，就會快樂很多。比賽和失落本來就是人生中避免不了的。給你一句專門用在課外活動和運動上的箴言：**我本來就不需要有所回應。事實上，我的職責，就是什麼都別做**。抱抱你的孩子，讓他感受自己的痛、不要催他釋懷，而且，最重要的是，別試圖「改變結果」——就算你有辦法改變球隊甄選，就算你覺得演奏會上還能多一個表演者，就算你肯定自己手機拍到的影片可以說服裁判那一球有進，都不要介入。

曾為摔跤選手、現為美國內布拉斯加州參議員的班・薩斯（Ben Sasse）在臉書上寫下，失敗以這樣形式出現：

這是**有益的**疤痕組織。在這些疤痕底下所衍生的成長無比珍貴，而且，對你的孩子有很大的好處。從這個經驗當中，你的孩子將會有能力承認他人的成功，即使自己為此付出了代價。你的孩子會知道，為了他人好、而不只滿足於自己的那種團隊合作，意義為何；接受指教、承擔責任的意義是什麼；還有，傾盡全力然後把一切交給球場／賽場定奪，又是什麼意義。而且，你的孩子會曉得，連自己都已經盡了全力了卻還是不足的時候，該怎麼面對。

要遵行這個忠告，實在很不容易哪。我的兒子讀三年級時，已經打了四年曲棍球，他當時參加了下一個球季的甄選，結果被選上了——只不過，選他的那支球隊，是排名墊底的那一個。最差的球隊。隊上甚至有從來沒打過曲棍球比賽的孩子；我的兒子完全被擊垮。他洩氣極了。他深深感到失敗。他哭泣再哭泣，他大聲咒罵自己、說自己無能，他說他不要練曲棍球了，這個球季也好，以後也罷，再也不打。

結果他跟那支球隊，度過了很棒的一個球季——如果以練球的樂趣、更衣室裡大家的團隊情誼、還有真心享受比賽而論，就他印象所及，那是最棒的球季之一。也許，對他和其他在這個男女混合球隊的成員而言，人生的方向突然一轉，但是，他現在是高中校隊。

你現在想要的，不見得是之後想要的。我們都希望自己的孩子從他們選定的運動或課外活動中學到東西，而談到運動時，其中一課就是輸球。我們希望他們要堅韌、學會保持堅強、然後下次比賽再接再厲。比起控球技巧，這才是我們預知他們到了你我年紀碰上不如意時，需要運用的能力。

✓不要當那種爸媽

只要你的孩子一站上溜冰場、球場、或是舞臺，接下來就不需要你了。你可以出去辦點事、讀書、回電子郵件。如果你旁邊還有另一個孩子，你可以去做點以那個孩子為重心的事。

再不然，你也可以跟很多爸媽一樣，在一旁觀看，特別是碰到比賽時。你可以看著小孩在一個沒有你的世界裡像個小大人般存在。之後，你可以用一些話讓孩子明白你的體會，例如「我好喜歡看你打球」或是「今天好像很有挑戰性，但是很好玩」。

做到這裡就好。研究顯示，當父母不是比賽壓力的一部分來源時，孩子會更喜歡運動。擔任少年運動教練超過三十五年的布魯斯・E・布朗（Bruce E. Brown），詢問了數百位小運動員：

「比賽裡哪件事最糟糕？」很多孩子說，比賽最糟糕的一部分就是坐車回家的那段時間。為什麼？因為他們的爸媽會提出「有建設性的批評」。而且，把一場原本很好玩的活動一百八十度改變，讓孩子覺得，他的價值取決於他的表現。讓他們要從輸球的沮喪心情中恢復過來、或是要享受勝利的喜悅都變得更難；而且，也會讓他們下次上場、參加其他球隊甄選、或是報名下一場球季，更是難上加難。

如果你隨便問一個爸媽，為什麼要幫小孩報名課外活動？你會聽到一堆合乎情理的答案：**我們希望他們學習新事物、去探索、進步、有能力上場表演或靠一己之力接受挑戰。**

話說回來，隨著孩子慢慢長大，我們卻往往忘了，課外活動的重點是我們孩子的成長、學習、以及成為團隊一分子的能力。我們總想跳進去，確保孩子「盡可能收穫滿滿」。只不過，這一來，你對孩子，就會有所剝奪。

假如你對孩子活動的參與程度，正一點一點地破壞彼此間的關係，那麼，你們雙方都不會快樂。很多孩子們踢足球或練小提琴，目的並非要成為頂尖，他們做這些是是因為他們喜歡。他們喜歡比賽、挑戰、音樂、或是隊友間的友誼。說到運動，根據調查，九成孩子們表示他們寧願輸，也不要不打球；七成孩子表示，就算沒有人計分，他們也會打，還有將近四成的孩子說，他們好希望打球的時候完全沒有家長在旁邊看。

比較快樂的家長，會表現得像個支持孩子的父母、而不是要求很多的教練或瘋狂的球迷。你只要全心支持孩子去做他們所愛的事就好。表演或比賽之前，你要提醒自己的孩子去享受過程。比賽過後，你要告訴他，你很享受那場比賽，而且你希望他也如此。

✓想清楚：你是你，他們是他們

要讓孩子放棄學習你自己很愛的某件事物，可能很不容易。「我家女兒十二歲的時候告訴我們，她想要退出曲棍球代表隊，」住在蒙大拿州的朵莉說。她自己也打曲棍球，先生和兒子也是，「我們真的好希望她可以繼續，可是，她終於鼓起勇氣告訴我們，她不像我們那麼愛這項運動。」

✓維護你們的家庭觀

孩子的課外活動，在你們家裡的重大事項裡排名第幾？如果他們的課外活動和家庭關係、傳統、宗教活動、或重要的價值觀有所衝突時，你會如何幫年紀尚小的孩子抉擇？而隨著他們長大，你又會教他們怎麼做決定呢？

很多社群是把孩子們的活動擺在第一位。「重要的」球賽或比賽都排在週五，孩子們不得上課，家長們不得上班。甄選和試演的政策，都是不接受「任何缺席藉口」，所以家長們往往跳過家族聚會或猶太成年禮，免得孩子的機會被搶走。還有，運動員是沒有春假的，就算校方規定不得如此，球隊往往還是照樣執行。

話說回來，家長和年紀大一些的孩子，仍然有決定權，而且，你們做的決定，不一定得跟其他人的決定一樣。要是孩子的課外活動跟另一件重大活動衝突，就是該你提出意見的時刻了。你有可能會發現，一旦你拒絕了任何一項結束時間比孩子們上床時間還晚的活動，其他家長也會附議，而讓事情有所改變。也或者，對方會默默接受你們的決定。當然也有可能，你會發現你們家還有你家的孩子，就被排除在某些事情之外了。

✓課外活動就只是活動而已

對大部分的孩子而言，運動或課外活動，並不是進大學的門票。講到運動，《栽培孩子運動有多貴》（*The Most Expensive Game in Town: The Rising Cost of Youth Sports and the Toll on Today's Families*）一書的作者馬克・海曼（Mark Hyman）說：「假如你想替孩子申請到獎學金，與其花錢請四分衛專人教練，還不如請生物科目的家教。」在大部分的運動中，一路打進大學還持續下去的孩子，不到一成，拿到任何運動獎學金的孩子，比例更低——只占這一成約百分之三的人，之後變成職業選手的機率，更是低之又低。雖然有很多爸媽夢想孩子有一天能進大聯盟，但那些夢想是要耗費很多的錢、投注很多的時間。

沒錯，我們希望孩子們盡力用心，贏得學校音樂劇表演的一角或者好好踢足球、和社團的成員全心合作。藉由參加活動，我們希望他們懂得與其他人相處、學習失敗、明白要進步就得努力的道理。那意味著我們聊到這活動時候，談的是它所帶來的樂趣，而且，如果事情不順利，也無須過度擔心。如果演出很少，我們可能每次都會出席；如果表演和比賽很多，我們就算不是每次比賽都出席也沒關係。

當大人以正確的眼光看待事物，孩子們就會有樣學樣，而這樣就容易讓大家都快樂一點。面對孩子的活動選擇時，不妨問問自己，也問問孩子——如果做這個是出於好玩，你還會繼續做嗎？你會那麼花心力做嗎？需要花那麼多錢跟時間嗎？

如果答案是否定的，那就得重新思考了。

✓歡喜做，甘願受（還要自得其樂）

你是否曾經焦頭爛額盤算著週末要怎樣才能接送孩子全州跑透透參加各種球賽、競賽或是彩排，突然詩人瑪莉．奧利佛（Mary Oliver）的詩句閃入眼簾，讓你心中冒起一把無名火：「你打算拿自己唯一這一回既狂野又珍貴的生命，做些什麼呢？」這句話就在那兒嘲笑著你，逼著你想去**要怎麼辦呢**？而且，部分的你覺得：**這是我要的嗎？**

「是的。」這個回答你覺得如何？

沒錯，就是這樣。要不然，難道你真的想做不同的事嗎？你會希望你的孩子不要選擇這件他熱愛的事嗎？你會希望兒子的大日子是別人來參加嗎？就算清晨五點你開車前往參加州決賽的路上，可是，難道這不是你想要的嗎？

當然啦，可以的話我們會搭其他人便車，而且不需要也不想要每次都跟著去。但是，當你這麼做的時候，就好好享受你跟孩子們在車上的時光、享受一起觀看健康、開心的孩子的愉悅感。「能讓你做這件事的時間，真的不會太久。」中學生讀物「足球姊妹」系列書的作者安德莉亞・蒙塔巴諾（Andrea Montalbano）說。她自己大學四年都踢足球，現在住麻省，兩個孩子也踢球。「最近我們到紐澤西比淘汰賽，進了比賽場地時，我一把抓了女兒在停車場拍了張照。我沒能跟我媽媽這麼做了。我試著好好珍惜這一切。除了這兒，我哪兒也不想去。」

想想你為了孩子或為了家人而愛上這一切的原因，不要想著乏味無趣的苦工。一旦你執行了這件事，那麼，要找出一個方法，讓這件事變有趣。我會邊看曲棍球賽邊打毛線，我很愛那種感覺：孩子們在做他們喜歡的事，而我也在做自己喜愛的事。還有，當我們四處征戰的時候，我會想辦法不要讓時間白白花在這些旅程上。孩子們知道，如果開車的人是我，我們可能會選擇不跟隊友們一起用餐，而是找間好的拉麵店或塔可餅[5]攤。孩子們知道我們會逛逛當地的書店，而且，要是那間城市有很酷的超市，我們就會去。還有，由我來掌控時間、選擇廣播電臺、還有要去哪兒吃個點心稍作休息。這樣的結果就是，我把曲棍球賽變成了一系列的旅行，最起碼大多數的時間，車上的每個人都覺得好玩（好玩到我家另一個孩子都常常會當跟屁蟲）。球季結束後，我都會很想念這一切。

✓找出你自己熱衷的事

給大家一個點子：運動和各種活動，不見得只是安排給孩子們的。也有給成人的即興表演團體、手工藝課程、還有團隊運動。你可以上衝浪課、畫畫課、或是鋼琴課。什麼？你說你找不到臨時保母或沒辦法仰賴伴侶嗎？對單打獨鬥教養孩子的人來說，也有線上團體、課程、還有教學影片喔。虛擬寫作或手工藝社群成員，也真的組成了許多現實生活當中的社群。養雞。養蜂。你要少花一點時間擔心孩子有沒找到熱衷的事，反而應該多花時間找出自己熱衷什麼。

根據我的調查研究，那些仍然保有「沒當爸媽前」的嗜好，或還在從事之前活動的父母，不但比較容易對自己的生活感到滿足，而且，當孩子大一點之後，這些爸媽也會對自己的教養方式比較滿意。「我有個女兒練游泳，她的教練要組一個大師游泳隊，」住在南卡羅來納州的潔咪說，而因為她也曾經練游泳練到高中才放棄、同時她當時正計畫參加六個月後的一場游泳慈善活動，所以，她就參加了。那已經是四年前的事了，後來威爾森都沒間斷游泳。她很開心自己達標符合了國家比賽的參賽資格，也認識了一群興趣和熱忱皆與她相同的人，「我簡直迷上了。孩子漸漸長大，你需要找到一件自己喜歡的事，因為如果你還是花很多時間幫他們做他們有能力自己做的事，那麼，你不是真的在幫他們，而是在害他們。」要是你老早出門去參加自己的游泳練習，就不會替你家青春期孩子打點好她游泳練習要用的東西——這麼說夠直白了吧。

我們都是成年人了，我們可以去做我們感興趣的嗜好或運動，甚至是孩童時期夢想要做的事，如果願意的話，還能帶著孩子一起。家裡有孩子參與你的活動，而不是你去參與他們活動——這一點，也跟生活的滿意度有所關聯。

話說回來，能把孩子們帶進自己的冒險，並不必然表示你就應該這麼做。不論你「熱衷的

5 譯注：一種墨西哥食物，將肉、生菜、乳酪、莎莎醬、碎番茄、酪梨醬等放在墨西哥薄餅裡食用。

事」為何，它所帶來的新鮮感、自在感，這一切都完全只是你的感受，而不是為了孩子。覺得自己沒空做想做的事嗎？不妨好好想想作者瑪德琳．雷文（Madeline Levine）在《教好孩子》（*Teach Your Children Well*）一書裡的這段氣話：

假如你放棄自己的生活、興趣、朋友、專業，而你家孩子週復一週看著你被動坐在觀眾臺上看著他比賽；如果你夜復一夜坐在孩子旁邊，協助他寫家庭作業、監督孩子有沒有認真，而不是跟朋友或伴侶出門；要是你的錢都花在孩子的補習課和家教老師身上，而不是全家一起出遊度假甚至跟先生度個兩人週末的話，那麼（你）教會孩子的就是：全世界都繞著他們轉，而且他們離不開大人。

別做這種事，你們大家都會比較快樂。

—第5章—

切記，家庭作業不是你的

我們家的家庭作業苦難，從大兒子二年級轉學後開始。在他以前的那所學校，他沒有家庭作業；到了新的學校後他有一些家庭作業：每週有幾天晚上要寫一張數學題練習卷，然後，每週有一張拼字單還有拼字測驗。「美國小兒科醫學學會」（American Academy of Pediatrics）建議，小學生每天晚上的作業量不要超過十分鐘，我家孩子應該可以輕易地在時間內做完作業才是。

但他沒辦法。不是他沒有能力做家庭作業。他只是……不做。他會轉鉛筆、椅子向後倒玩身體平衡、他會望著前方，專心盯著陽光穿透窗戶，映照出飄浮在空氣中閃閃發亮的點點灰塵。他坐在那兒，手握鉛筆，做其他的事。若不去管他，待會你就會發現他已經鑽到椅子下，坐在地上，模仿飛機引擎的聲音，把鉛筆當飛機舞弄著。要是你坐到他旁邊呢，他就開始會不斷地跟你聊跟家庭作業無關的事，鉛筆、灰塵、窗外的景色、甚至是政治情勢。

這一切聽起來好討人喜歡啊！嗯，的確如此，不過，功課不會因此做好。我們請教過老師、試著定時、調整功課分量、想方設法把他的注意力移回到手中的作業，可是，他都沒什麼改變。到他三年級時，作業量增加了（只是稍微），而他跟作業共處的時間也一起增加。但不是寫作業的時間，其中至少有百分之五都不是花在寫作業上。這真是把我們搞瘋了。為什麼他不能快快做完數學題，然後就能去做別的事了？

我身邊其他父母也都碰上了家庭作業難題：有的孩子搞不懂數學的分數問題就耍脾氣；完美主義型的孩子做展覽海報做到半夜十二點；而且，當你正要幫忙某個孩子解決難題時，旁邊的弟妹也來扯後腿。

這一切加起來，就是為數可觀的苦難。

有沒有什麼辦法，能把爸媽從這一切苦難中挽回一點快樂呢？因為整體說起來，家長也好、學生也罷、兄弟姊妹、甚至我很快地發現連很多老師也某程度認為：家庭作業討厭死了。

問題出在哪裡？

以前，我們的爸媽不太需要處理家庭做業的問題。對於我們父母輩的很多人來說，他們就學的經驗跟我們的相去甚遠。當時的社會，不見得期待我們的母親要擅長嚴苛的科目，甚至也完全不期待她們去讀大學。可是教育制度變化得非常快。一九一〇年時，全國只百分之九的人口讀到高中畢業；到了一九四〇年已經超過百分之五十。

因此，很多爸媽並不是引導著孩子們去體驗一場他們自己很熟悉的經歷，他們是在自己也搞不清楚狀況下，以一套新的教育系統來教養小孩。因此有的家長乾脆不管，讓孩子們自己想辦法。

但話說回來，孩子上幼稚園的狀況，對我們來說又非常熟悉，因此我們就會想要提供協助，可是說也奇怪，我們「幫的忙」通常不太有用。我們常用充實的課外活動排滿孩子的行程表，好提高孩子的競爭力。以前我們的爸媽不需要操煩孩子的家庭作業能不能在小提琴課、足球練習、還有公文補習課程（噢，功課外的功課，夠諷刺吧）空檔之間做完。很多富裕的家庭還會向學校施壓，希望課業要求更嚴格一些。因此，幼稚園不再只提供玩樂時間，而高中不再開像音樂美術這類的選修課，轉而加開大學入學委員比較青睞的學術課程，而那些課往往都包含額外的家庭作業。

那就表示，現在孩子的家庭作業比我們以前的要多：九歲孩童從原本沒有家庭作業，變成要做一點家庭作業；而高中生，根據辦學績效比較高（同時也是高收入地區）的學校表示，它們的學生平均都要花三個小時以上。

如果你家有個九歲以下的孩子，你就會曉得，「完全沒作業」跟「要做一點作業」之間的差別。對有些孩子來說那可是世界末日，或者說，當你看著他們在地上又滾又叫抗議著那五題數學時，你心想他們趁早點接受事實，早把作業做完了。對你來說，那也是世界末日。

家庭作業有可能會改變家人互動關係：把爸媽變成嚴格的監督者，讓夜晚變成為親子角力時間，或者耗時又費力的攻防戰。

而且全國家庭作業平均時間，可能包含兩種極端：一端是沒有作業或作業很少，另一端是「作業超多」。研究人員針對加州中高階級社區的十所高辦學績效高中，詢問了四千多名學生，他們說每天晚上平均要做三個多小時。（而且「從來都沒有喘息機會。」）

不管是要做「一點作業」、「比較多的作業」、還是「堆積如山的作業」，這些造成學生壓力的家庭作業，對父母也會造成壓力。一份小型的研究發現，當家長自覺無法提供孩子家庭作業的協助、孩子討厭做作業、還有作業造成爭執的時候，家人之間的壓力和張力最大。

在我的研究裡，家庭作業是家長們排名前四大的壓力點之一，而且會吃掉家長對親職工作的滿足感。當孩子還小時，一堆家庭作業會讓我們自覺是無用的爸媽，因此比較不快樂。

對很多人而言，家庭作業是孩子下課回家後的第一個衝突點，也是他們（或我們）上床睡覺前的最後一個衝突點。**他們有作業嗎？多少作業？他們什麼時候才要做作業？他們能不能在運動練習／彩排／晚餐前做完作業？還是等這些事完成後才有辦法做完呢？作業繳交期限是什麼時候？**就算是那些完全不管家庭作業的爸媽，假如他們要安排家庭活動的話，也還是需要知道作業分量、何時要寫、要花多久時間，才可能排定行程啊。

改變我們面對家庭作業的態度

講到家庭作業，有三種主要的潛在問題點。

首先，就是身為父母的你面對家庭作業的方式。我們往往會著眼於成績和結果，一旦我們的介入太多，就會造成親子之間不快樂。

其次，是你的孩子面對家庭作業的態度。假如你自己處理家庭作業的方式都不管用，那麼，你家孩子有可能深受你的影響。身為父母，你的工作之一，就是教導孩子用正面而且有效的方法，處理他的家庭作業。

最後，還有另一個大障礙會逼得你進退失據：就是家庭作業本身。當孩子帶回來的家庭作業太多或太少、作業交代不清楚，或者跟你家小孩修那門課時所預期的作業差別過大。如果你碰到的是這些狀況，你和孩子就面臨抉擇。

✓切記！家庭作業不是你的

想當然爾，如果我們想讓自己變快樂一點，能做的最簡單改變，就是改變自己對家庭作業的態度。有一句話說得對：**家庭作業不是你的**。你可以合情合理地完全不管。你可以跟孩子解釋，你不管家庭作業的事。假如你這麼做的結果是孩子都沒做作業，而且校方來關切，那麼你可以回他們，你會完全支持學校對於孩子沒做作業所進行的懲訓，但是你會把家庭重心放在其他事情上。**孩子不開心的時候，你還是可以很快樂**。你要做什麼去協助孩子度過他們的難關都可以，但不必被捲入他們的壓力中。

如果你認為自己做不到，那麼你並不孤單。紐約曼哈頓藝術高中的校長珍奈特．蘿特（Janet Rotter）在教育圈已經有四十年的資歷，她觀察到「人們，而且是成年人會跟你說：

『噢，我們這週沒辦法跟你碰面。我們有好多家庭作業要做。』」

「以前，做作業是孩子跟學校之間的事，」她說，但現在老師卻「在家長身上施加很多壓力，要他們幫孩子做作業。」你大概可以猜到，那種做法不是蘿特的風格。她學校的學生，必須自己負責處理學校生活和家庭作業。這所學校，要求家長不要干涉孩子，而且不期待家長每天晚上都要參與孩子的作業。

蘿特說，對很多家長來說，那是一場困難的轉變。「家長會天馬行空地想像，要是家庭作業沒做的話會發生什麼事：孩子會惹上麻煩、老師會對孩子生氣、孩子會對他們生氣。他們會覺得自己是一個糟糕透頂的母親……。」她說，那些想像，都是你我得放手的想法。「家庭作業是協助孩子們學習，如何在老師不在、沒有人監督的狀況下，做自己該做的事。」她要求家長，不要當「家庭作業警察」，與其提醒孩子做作業，不如問問孩子，可以做些什麼來幫助自己記住學過的東西。「家庭作業真正的重點是碰到你不想做的事的時候，你要怎麼辦；家庭作業的重點是放棄享樂，」她認為：「孩子得學習如何學習，而我們必須放手讓這個過程展開。」

她說，父母的職責在於「教小孩子世界不是繞著他們的家庭作業運轉。人生還有很多其他的事。我們作為爸媽的人，不要用家庭作業有沒有做完來決定自己的價值。」

父母常搞不清楚，以為自己希望孩子們「有所成就」而且「成功」。但其實，我們的孩子需要的是靠著自己學習該怎麼做才能有所成就、如何成功。想像你在打籃球吧。比賽的目的不是要把球投入籃框，而是學習像個球員一樣盡力把球投進籃框，同時，弄清楚你在球隊的定位、如何遵守遊戲規則，甚至到了最後想想你是不是真的想在球場上打球。

在上述那份針對四千多名高中生的研究中，研究人員邀請學生回答與家庭作業和壓力相關的開放式問題。很多學生說，真正的壓力來自於他們的父母，以及父母不斷耳提面命的話：如果他們沒有把作業做得盡善盡美，那就得不到分數，而且，他們就不會成功。

潔西卡曾經是這樣的父母。她是大學申請入學的寫作顧問，曾幫助過許多孩子成功申請理想大學。在她經歷過大兒子讀高中時母子關係惡化之後，她希望自己在小兒子申請大學時，能「有意識地調降自己過度狂熱的態度」，所以，她不上家長查詢系統，任由小兒子選擇想告訴她的事，她只告訴小兒子，如果需要幫忙，她隨時撐腰。

要保持不插手「真的很難、很難，」她說。她們社區的其他家長，都不是那種會故意放手不管學校功課的家長。「多年前，我和一群母親同桌吃晚飯，我們大概都有孩子讀同一班。到了八點半，大家都起身要離席，其中一個人說：『我得回家了；我家孩子有一篇報告明天要交。』而其他人的反應就是『對耶。』我記得還有一個人說：『恐怕是我要寫。』」

「對有的家長來說，他們聊的就是那些，他們擔心的也就是那些，」蘿特說。「他們表現得好像家庭作業比孩子還要重要一樣。」史丹佛大學教育系資深講師、同時也是上述研究主持人之一的丹妮絲・波普（Denise Pope）提出，那些家長也許是掉進了「父母同儕壓力陷阱」。

成績不是永遠的。成功也不是永遠的。失敗，當然不是永遠的。有些人順順利利地讀完高中、大學、以及有研究所。有的人則選了不同的人生道路。你不要只是強調人生的某一途徑。

✓不要教你家孩子怎麼做作業

如果你一邊準備晚飯，同時有個孩子緊抱住你大腿，讓你不得不拖著他在廚房裡做事，還要聽他哭哭啼啼說：「我不會做！你幫我！」那麼，你想快樂，還真的非常、非常困難。

相信我，我懂。

一般說來，我們唯一能改變的就是自己，這是大家都知道的事。不過，碰到這個狀況，我們的職責就是不要教自己的孩子怎麼做家庭作業（例如，怎麼算加法、減法，或者怎麼寫出一段摘要），而是教他們該怎麼獨立完成作業。

清楚地對孩子表明寫家庭作業的目的，是非常重要的。讓孩子不要只想著「把作業做好」，而是該想「學會有能力靠自己把作業做好」。這可是知易行難的觀念。跟他們說「我知道你有能力自己做。」然後，就算他要花上一段時間才作完、而且結果只差強人意，你都要放手讓他們做——也許你直接幫他完成作業簡單多了（尤其是當你的孩子求你幫忙時），但是，**你現在想要的，不見得是之後想要的**。

一旦你的孩子明白，家庭作業的責任是在他身上，那麼當他做家庭作業時，你比較有可能輕鬆快活，而不會只因為孩子說「吼！你又不用寫家庭作業！」就深入參與整個過程（從一直不斷叨念催他坐下寫功課，到一碰到難題就衝過去幫他，甚至檢查作業是否正確，並收拾好可以帶去學校了），那你的孩子就容易把一切跟家庭作業有關的負面情緒，都一股腦兒丟到你身上：他得做作業，是你的錯；如果作業很難、或是他做不好，也是你的錯；要是他沒做，或忘了做，通通都是你的錯。結果，不但他從家庭作業中所學到東西不多，你還成了壞人。

說到完成家庭作業這檔事，釐清誰才要負責任永遠不嫌晚。以下是我們希望他們好好聽進去的話：

- 你還在學習當中。當你在學習的時候，犯錯沒有關係。就是那樣你才會進步。
- 你現在盡最大努力，以後才省事。
- 那並不表示你要做到完美。

・盡力完成工作，那就夠好了。

如果你以前曾坐在孩子身旁協助他寫作業，那麼從現在起，你可以挑明了說：「你現在已經讀二／五／十年級了——你坐下來，自己開始寫，如果你需要幫忙，我會在附近。」你想要傳達的是，你認為孩子有程度也有能力。當孩子要求你幫忙的時候，茱莉・萊斯寇特・漢姆斯說，你要表達關心。你可以協助他們搞清楚作業說明、你可以幫他們準備材料，「但是，如果他們找你幫忙，並且說：『我沒辦法，我不懂。』，那你就得回答：『不，你當然有辦法。這是老師派給你的作業。你的老師認為你有能力做到，而我也這麼覺得。』」

這個原則不但適用於每天的家庭作業，也適用於許多讓爸媽掏出熱融膠槍準備插手的大型作業上。你可以幫忙規劃；可以教他一些技巧，讓上臺簡報簡單一些，但碰到所有跟學校相關的事，不管是學生議會選舉海報或是長除法，都要堅定地當個啦啦隊就好。

這可能是個快速改變的過程。我有一個孩子求學過程一直辛苦；她不相信自己盡力做好就夠了，因為一直以來，從客觀的角度來看，算數也好、拼字也罷、或者文法，就算她盡力了，結果也往往都不對。她是很認真努力的人，她想把作業做對，因此，她就會希望人家的關愛。好多年來，我們容忍著她那種「可是我需要幫忙啊」的執拗，而且，在很多情況下，我們還幫她求援，透過找家教或是請老師課後輔導，不過，我們沒有自己提供協助——因為，一旦我們插手幫忙，很容易變成壞人（在她越來越生氣的時候強迫她坐在那兒用功努力），或是當冤大頭（一步步解釋給她聽，到最後她只要握著鉛筆就好，其他都不用做）。

假如你家的六年級孩子，在沒有你的幫忙之下，頭一晚花了三個小時才寫好數學作業，你仍要繼續堅定立場。第一次要花三個小時才能完成的作業，下週可能花兩個小時，之後也許花半個小時就好。假如情況一直沒有改善，那麼，你們就是提早學到了一個重要的教訓：你們得做些改變。也許是家庭作業有問題，也許你家孩子需要額外的協助，也許他修錯了課。如果只是因為父母雙方或哥哥姐姐上的都是進階班，就不斷要你的孩子去上他無法駕馭的課。應該讓他在符合他年級程度的課堂上，才有辦法產生學習興趣、進一步理解並好好學習，那才真的是比較好的。

面對大多數孩子，你可以幫點小忙（例如解釋「二十五元」的意思就是「一百元的四分之一」）然後就走開了。就算孩子作業沒完成，或是作業做錯也沒有關係——事實上，這才是你應該做的。曼哈頓第二九〇小學（PS 290）的校長朵琳．埃斯波希多（Doreen Esposito）說，老師們其實想知道孩子真正學會了多少，因此，就算你剛好注意到一個問題，但是，直接讓孩子寫完後收進背包裡，就能讓老師知道孩子真正的程度。**就算你目睹了什麼，也不一定要有所回應。**

也許你還是會擔心，萬一家庭作業是要評分數的，萬一那些分數很重要，該怎麼辦呢？這又是一個很敏感的問題了。在美國，大部分地區的孩子上九年級以前的成績都不會有什麼長遠影響。也就是說，在這段時間裡，我們大部分父母比較能接受各種家庭作業做不好的事實。

假如你家孩子的成績很重要——例如你是住在學生必須透過申請才能就讀國中或特許公立學校的紐約市，或是你在某種程度上處於一個分數會造成不同結果的情況下，那麼，你可能就要換個方式看待事情。但大多數的爸媽都可以等到孩子們上了高中、就讀大學在即、而且他們比較有能力把事情做好的時候，才需要去面對孩子犯下對將來有所影響的錯誤。

總的來說，你希望你的孩子做家庭作業。因此，你應該傳達給孩子是一個重大訊息：他在學習過程中會犯錯、他必須盡最大努力，還有，如果他已經盡了最大努力卻達不到完美也別慌，因為那就夠了。

萬一你發現自己有時候為了幫孩子，做了超過自己意願的事，那也不要過度自責。可以的話，和孩子談談為什麼你參與得比較多，又該怎麼改變這個狀況。

✓你家孩子現在的做作業方式，不見得永遠都不變

每一個孩子都不一樣，遇到的情境也不同。你最需要的其實是協助孩子學習如何有效率且有效地完成出他們當時的最佳作業。那麼，該怎麼做呢？首先，你可以鼓勵孩子有意識地做出一些跟家庭作業相關的決定，而不是「等碰上了再來決定」。你可以協助他們決定何時做作業、在哪裡做作業，但不需要幫他們決定該怎麼做作業。

你可以問他們這類的問題：「你打算什麼時候要完成家庭作業呢？」然後（你懂的）再加上一些額外的資訊：「你四點到五點要練足球，還有，荷莉要過來我們家吃晚飯喔。」尤其是在學年一開始的時候就讓孩子思考並做決定，然後你再幫忙評估：「嘿，你們老師一直留言說她看不懂你的數學家庭作業。我們來想想你要怎麼把作業寫整齊一點。」「嘿，上星期你一直拖到足球練習結束才寫功課，那時候你很不高興。這星期換個不同的做法吧？」（我甚至曾經要求我麼孩子錄一段話給未來的自己，說「不要等到上床睡覺時間到了才要寫數學作業！」）

接下來，讓他們自己找出解決的辦法，但不要批評結果。談到家庭作業時，一不小心你就

會歸類自己的孩子——有條不紊型的、偷懶敷衍型的、努力認真型的。不過，那些不一定都完全對。有條不紊的孩子會忘記某件重要的事；輕鬆就能考高分的孩子會考出不及格；偷懶敷衍的孩子突然間對作業感興趣。如果你不先認定他們就是那樣，那麼孩子比較容易用不同的方式看待事物，犯了錯也比較容易放下，對新的課程或報告，也比較有可能感到期待與興奮。

所有人都會變，包括孩子，而且特別是孩子。孩子會長大，他們會逐步演變。他們本來就該學習做這些事的方法，而那可不僅僅指數學或基本常識。他們正在學習著該怎麼坐下來好好處理困難的事、該怎麼做自己不喜歡的事；他們正在學習著規劃、思考，以及如果不行就再試一次。這些有一部分就是從寫家庭作業學來的。所以我們要做的，就是不要妨礙孩子們，放手讓他們去做。

✓家庭作業本身的問題

有些時候，問題真的就是出在家庭作業本身，那麼，偶爾可以試著改變它。我家大兒子讀小三的時候，他們學校試用了一套孩子必須在網路上完成作業的線上程式。但它的問題很多（我們鄉下的網路連線不牢靠；而對其他連碰個電腦鍵盤都是特權的弟妹來說，也會造成不良影響），不過，最大的問題是他不會打字，所以寫個作業要花上天長地久的時間。我們耐心地觀望了一小段時間，希望這些小問題會獲得解決，直到有一晚，他為了確認自己照著家庭作業裡的句子打字，沒有拼錯字、字彙也正確（他得把作業的句子打字到那個家庭作業程式裡），花了很長的時間看著鍵盤一字一字地敲，最後我終於忍不住聯絡老師了。「噢，」她說。「那你可以幫他打那些句子，這沒關係哦。」

「可是作業要求他們照著打句子。整份作業就是打字啊。」

「是沒錯，不過，如果你負責打字也沒有關係。」

「如果作業是照著句子打字，而我打了字，那這是誰的作業？」

老師笑了，後來像那樣的作業就不再出現，而且那套線上家庭作業程式，也只多撐了幾個星期，學校就不再使用了。對那個年齡的孩子來說，這種作業其實效果不彰，根本是靠著家長和老師協力才能完成。

當然，你遇到的情況可能沒這麼簡單。一般來說，無論你希望作業少一點、或者作業多一點、甚至是不同的作業，那你不妨先讓事情有一點時間出錯，再來採許行動，這是比較好的策略，特別是碰到新事物時（這段時間也正好讓你琢磨自己和孩子對那份作業的看法，反正那不過是家庭作業，並不是攸關生死的大事。）

話說回來，萬一過了一小段日子，你還是覺得問題出在家庭作業本身，那又該怎麼辦呢？

或者，萬一有某項作業、某堂課、或某個老師讓你家孩子困擾不已，又該怎麼辦呢？你，或是年紀大一點的孩子，是有可能調整家庭作業的——如果處理的方式得當的話。不過，你得要先明白家庭作業是什麼、目的為何、還有誰有權力改變家庭作業，如此才能有所作為。

✓這次家庭作業到底是什麼啊？

身為父母我們要做的第一件事，就是實際去衡量孩子寫家庭作業的體驗吧。「六十四道數學題會不會太離譜了呢?!」在你跟著孩子一起大驚小怪之前，先叫他去問問其他同學，確定沒搞錯家庭作業（我們有一次就是小題大作後才發現，老師只指定了偶數題）。沒錯，叫孩子一個晚上寫完一份五頁的研究報告，是滿離譜的，可是話說回來，他確定這個作業是今天下午才出的嗎？孩子不但會搞錯，還很會拖延，有些孩子還會設法讓自己看起來很值得同情（我家孩子常常會說他「好像」知道老師有叫他們讀什麼東西）。而在某些狀況下（我家那位轉筆的孩子就是），你家孩子就是要比其他人花更多的時間寫作業。

當你試著評估老師派給你家孩子的作業時，要納入考量的另一點就是，孩子是否比你（或他自己）所想像的更有能力。數學題看起來似乎很多，不過，如果孩子已經在課堂上練習過加法一段時間了，或許他有能力幾分鐘之內就把題目做完了（事實上，也許這份作業的目的就是如此）。某個看起來很複雜的工作（也許要嘗試新方法結合近來課堂上學習的東西），不過，孩子事實上是做得來的，而且能挑戰、延伸他的能力。

我家裡最小的兩個孩子讀四年級時，老師指定她們要讀一本傳記然後準備五分鐘的演講，不能照稿讀，只能帶提字卡，而且要穿上戲服演出那個角色，同時最起碼要帶一項道具上臺。當時我覺得這根本辦不到，尤其對我女兒來說，因為，要她從書中的細節裡說出重要的實情與事件，可能有困難。不過，各種狀況顯示，就算我們想幫忙，也幫不了。

結果她們做得還不錯——因為，實際上她們都準備好迎接這份口頭報告了，老師也都知道。臨床心理學家、同時也是作家的瑪德蓮．雷文（Madeline Levine）提出，如果家長把某樣作業歸類為辦不到、而不是富有挑戰性，然後準備好以超級英雄的姿態跳進來幫忙孩子的話，其實家長應該停下來，仔細看清楚再說。她說，也許這個作業確實超過你家孩子的舒適圈，不過，要是你把作業拆解成各個部分，那麼，作業也許都在他們的「能力範圍」之內呢。

當孩子們成功完成某件對他們來說真的要很努力才辦得到的事，對你們雙方來說，都是快樂的促進劑。

✓這份家庭作業的目的是什麼呢？

我的女兒曾被指派要做關於伊莉莎白．布萊克威爾（Elizabeth Blackwell）的報告。當初如果是我幫她做報告的話，可能會有比較多的內容談到這位美國第一位女醫師的醫療生涯，而她小時候養迷你馬和一般馬兒的故事就會少提很多。不過，那都無所謂。那份口頭讀書報告的目的，並不是我的孩子學到了多少跟伊莉莎白．布萊克威爾有關的「正確」知識。那份報告的目的，是要她從資料來源取得資訊，然後大聲地對著同學們報告出來。

家庭作業的目的，往往都十分簡明。對年紀較小的孩子來說，數學作業的目的通常都是練習。老師希望孩子能夠不自覺地就運用簡單的四則運算。這個目標也能用在拼字上。有時，一份看起來很繁複、不具啟發性的功課，例如每個字都拼寫四次，其實是很有效的學習工具。

至於報告、讀書心得、諸如此類的家庭作業，其目的可能是學著管理時間，或提早規劃，或是把一份大的報告分切成許多小單元。老師可能會指派閱讀作業，讓教學進度能夠快一些進展，或者，準備好做課堂討論。

了解家庭作業要達成什麼目的——這一點，在你碰到某一種會造成問題的家庭作業時，可能是關鍵，讓你能跟老師合作，完成個人的、短期的改變。舉例來說，假如作業的目的是讓孩子每天晚上閱讀，但是你家孩子花了太多時間盯著時鐘、計算自己閱讀了多少分鐘，而根本沒有讀到什麼東西，那麼，也許他可以選擇勾選當晚是否閱讀，而不是填進閱讀的分鐘數。假如老師要求你要設定計時器，讓孩子可以加強練習完成一張數學四則運算的速度，但是你家孩子會因為滴答走的聲音而抓狂（我家有個小孩就會這樣），那麼，也許他可以用手機應用程式或閃示卡練習。

當然，你並不希望你家孩子在碰上什麼規定都能例外。有時候，測驗是計時的，有時候家庭作業一點也不有趣。不過，如果是低幼年級的孩子碰到某種會產生問題的作業，老師們往往會願意配合家長。

✓有問題時該找誰、該怎麼說

住在洛杉磯的烏娜·漢森，她在替孩子伸張權益時對家庭作業的規定產生了興趣，後來她讀了教育心理學碩士學位、還參加學校治理。這位母親提出，無論你認為自己只是替自己的孩子主張權益、或是想尋求更重大的改變，當你去溝通時，要跟老師談談你所觀察到的事，而不是你有何感想。

「你要描述在你家孩子身上發生的事，」而且她建議不要用「他喜歡你的課，可是……」

這樣的措辭，那會讓老師有防衛心，想為自己辯護。你要假設老師和你都希望給你家孩子最好的，從這一點下手，其餘的都不要多做假設。她提到，當她說女兒每星期從幼稚園帶一小袋家庭作業回家都很焦慮時，老師馬上告訴她，不要讓小孩擔心作業，她真正的目的只是要孩子在每週一開始時帶點東西回家，然後當週結束時再把東西拿回學校。「老師說：『她可以隨自己心意，要做多少作業都可以。』」

另外，在找老師之前要不要先打聽一下呢？當然——不過，也可能不用太刻意。看足球比賽的時候，要是有跟你家小朋友讀同一班的孩子家長，那麼，拍拍對方肩膀，隨意聊一下家庭作業，是個不錯的點子；同樣的，打電話（給另一個家長或小孩，而不是打給老師）弄清楚當天晚上的作業，也是可以的。但在臉書上丟個隨意的訊息問，反而是個壞主意。「爸媽到社交媒體上開始彼此傳訊的時候，什麼事都會很快被放大，」從前在麻州當老師的安妮塔說道。「有時還會牽扯到校長，然後就成了一個超大的問題。」如果當初直接找老師，可能早就得到一個簡單明瞭的解決方法了吧。

同樣地，如果你在餐桌上隨口抱怨，即使沒上網「分享」，還是會被人知道。「一年級跟二年級學生都非常誠實，」安妮塔說：「他們隔天進學校會說：『我媽媽說這份家庭作業很蠢，我不用做。』」

有一對雙胞胎女兒現已就讀高中的貝絲，在其中一個孩子四年級時第一次跟老師聯絡談家庭作業，因為她那素來喜愛學校的孩子，開始因為家庭作業變得很不開心。

「我觀察了將近兩週左右，」她說；「我確認自己有足夠的觀察資料之後才去找老師；當時我只是描述我女兒的狀況，以及這情況已經發生多久了。」而老師的回應是，在她女兒已經能力很穩固的學科領域（字彙），可以減少家庭作業。雖然那麼做並沒有將作業當中最具挑戰性的部分去除，不過，此舉卻真的減少了寫家庭作業的時間。

有時，老師真的不曉得學生要花多少時間做作業，或者，不清楚作業對家庭造成的影響。如果你認為，年輕的老師特別是尚未成家的那些人，跟經驗比較豐富、或自己有家庭的老師相比，對於家庭作業的看法可能不一樣——你的猜測可能沒錯。有一位教七年級生的老師寫電子郵件跟我說，她二十一歲剛開始出來教書的時候，從來沒認真的想過家庭作業會對家庭造成什麼樣影響。「我的理解就是每天晚上我都應該要出家庭作業。那一直是我的做法，直到去年有個家長改變了我看事情的角度。我只不過是依循自己身為『嚴格的老師』『應該』怎麼做。我以為如果自己沒有每天出家庭作業就會惹上麻煩。」

在女兒四年級的那次事件之後，過了好多年，貝絲再次注意到雙胞胎女兒每週末都要花八個小時，整理一門內容繁重的進階先修課程用的教科書重點提要。她又再次先從旁觀察，然後再去跟老師聯絡；這次，她描述了情況，同時還提出問題。整理重點大綱，應該要花多久時間呢？兩個小時。八個小時真的有問題。「那位老師也很值得讚賞，」貝絲說，「她調查了一下，」發現有些學生可以在兩個小時之內完成，有的人沒有辦法。貝絲的兩位女兒以及其他部分同學，都還須培養執行這項作業所需的能力；於是後來老師就提供策略與做法，教她們執行作業與管理所需的時間。

重點是，我們要記得，雖然解決的辦法可能不會達到盡善盡美（貝絲的女兒們還是要花兩個小時以上完成作業）不過，要減少孩子的壓力、乃至於你的壓力，這麼做或許也夠了。有些學生在做某種作業就是需要花比別人更多的時間；有的時候，孩子們一開始修課時並不知道課程的負擔比自己以為的還要多。所以有時候你該做的，就是接受家庭作業，然後好好協助孩子找到他自己成功完成作業的方法，但有時候，你需要進一步替孩子發聲。

大部分的老師對於家長關心家庭作業，真的都會願意傾聽、接受建議，不過，也有的老師並非如此——而且，有些老師會因為課程規劃是固定的、或者他們必須遵守全校或全學區的規定，所以真的沒辦法按照你的期待去改變做法。那就表示，你的下一步是要跟學校行政，甚至是更上一層的人交涉。朵琳・埃斯波希多就表示，曼哈頓第二九〇小學之改變校方的家庭作業規定，其中部分原因就是家長的倡議。

「一開始是家長對於不一致有所顧慮，」埃斯波希多說，有些高年級老師給很多作業，有些則給得比較少。後來在一場教師、行政人員、與家長三方代表團隊所組成的會議上，有一位在這方面有經驗的家長，報告了與家庭作業相關的研究結果。他用一種不會造成對立的方式，提出了報告，「他的報告內容，跟我過去累積的經驗吻合，要孩子帶回家寫的有些作業似乎沒有目的性，可是家長卻必須要跟孩子一起折騰，來完成這種作業。」

如果讓家長不開心，那麼很多老師也不會開心。埃斯波希多說：「家庭作業對老師來說，是忙碌的工作。」他們得讓大家知道自己有檢視學生作業，可是，這往往不是評估學生有效辦法。「學生如果不是在合適的情況下，在課堂上寫作業，你根本無從確知他們個別的真正程度為何。」

二〇一六年，這所學校轉而執行他們所謂的「家庭本位學習」（home-based learning），而不是「家庭作業」：由老師指導學生設計報告、練習、或課程規劃，以增進他們學習的深度與廣度。家庭本位學習，「讓孩子們省視自己的作業，創造自己的目標，同時在家裡把作業和目標連結起來。」埃斯波希多說。

然而，這樣重大的改變，並非一蹴可幾。有時候，改變是循序漸進的，而且，就算我們看不到改變，也能促使改變的發生。那位把家庭作業相關研究引介進來的家長，當初是因為他女兒的五年級非常難熬，不過，等到學校施行新的規畫時，他的孩子都已經畢業了。

還有些時候，即使你已經付出了自己願意做的一切，但家庭作業還是會以一種你無法忍受的方式，影響你們家庭的和樂。住紐約市的茱莉，多年來因為她兒子就讀的公立學校作業要求，總是慘兮兮，最後茱莉把兒子（隨後其他兄弟姊妹也比照辦理）轉到一所理念不同的學校。她說，兒子的第一所學校，要求家長每天晚上要插手家庭作業，諸如「文法、標點符號、還有拼字」這些事，而且，從幼稚園開始就每週給一小份家庭作業，之後年年增加數量。有的家庭會歡欣接受這樣的請求，成為孩子教育裡至為重要的一角，但茱莉沒辦法。

「我是一個有三個小小孩的職業婦女，」茱莉說。「我試過坐在他旁邊，試著要有耐性，但是我沒辦法一直這樣。」之後，等她兒子到了三年級，她發現他在做一份可能需要媽媽幫忙的作業卻做不出來，「而且他會打他自己，還說：『我好笨，』那時我內心就突然情緒失控了。我心想，『我到底在幹麼啊，要逼自己的孩子做這個』？」

在新學校裡，家庭作業的規定非常不同，而且更符合他們家的生活型態。「學校所出的家庭作業的重點，是培養孩子的責任感，」她說。「如果他們會缺席或遲到，那就該自己打電話給學校。校方跟家長們說，除非孩子們開口，不然不要管家庭作業的事。不要問孩子說：『你做作業了嘛？』不要說：『你什麼時候要做作業？』不要問他們作業是否已經寫完。校方叫家長都不要嘮叨訓話。」

你家孩子就讀的學校以及他的家庭作業，對於你還有全家人的快樂，真的有很重大的影響。假如你能夠投身其中，找到一個讓課堂或學校大改變的方法，也許就能改變作業本身。

✓該由誰負責發聲呢？

到目前為止，我們著重討論的都是針對家庭作業，家長該如何替孩子爭取權益。但話說回來，我們的孩子為自己發聲的那一天也總會到來。他們可以藉由向來都管用的策略手段（跟老師約時間，去跟老師聊一聊），另外也有些管道是那些稚氣、熱血年輕人可以做，但他們的長輩卻不能出面的。我家大兒子讀八年級時，他和一群朋友參加了一個手機應用程式的挑戰比賽。他們做的應用程式，是要讓老師可以評估每個學生總共被派發多少家庭作業，而不只是單一課程。他們在發表手機應用程式時說：「如果一位老師說，你每個晚上會有半個小時到一個小時的家庭作業，那聽起來滿合理的。不過，假如你修了六堂課，那就是三到六個小時的作業了。」後來他們的點子贏得全國殊榮（還有一張給學校科學教育部門的支票），這件事對學校有著非常戲劇性的影響。我兒子跟他的同學那年就畢業了，雖然他們只見證到一丁點的好處，但他的妹妹現在也就讀同一所中學，顯然那些老師們現在都會更花心思去協調大型的作業，甚至連每晚的作業都會費心安排。

小孩子也可以把事情搞大的——組織一個委員會、做一個大型的資料蒐集報告、製作一部跟家庭作業有關的有趣影片、或甚至參加抗議。只不過，通常你需要做的，就是幫他們就從你自己會下手的地方開始：跟老師的會談。無論問題是他們對上課內容理解不足所以無法寫家庭作業、他們想討論為什麼要出這樣的家庭作業而且目的是什麼，或者他們只是想表達自己感覺作業有多麼棘手。

幫助你家孩子這麼做，跟你自己來，兩者有一點不太一樣。首先，寫電子郵件對於小孩和青少年來說，可能不是有效的一種工具，理由很簡單：太不像一回事了。小孩子很容易隨便寫寫，而老師也很容易不予理會，或者直接回絕。

眼睛直視老師、說明問題、然後等待答覆，這困難多了，但也是更可能促成正面結果的做法。大部分孩子都需要被逼迫一下才肯這麼做，有些孩子甚至得重點式地把自己想說的話記下來才能行動。如果你的孩子願意這麼做，那麼，你可能需要先跟他談談老師可能會如何回答，還有他可能會有什麼感受，以及接下來該怎麼回話等等。在課堂上受挫的孩子，有可能擔心自己會哭，這是可以理解的。你可以幫他們練習以下這類的話：「我在哭，但沒有關係；這只不過是因為我很在意。不過，我們還是可以談，然後想想有什麼辦法。」

✓有時你會做出自己曾說過不會做的事——那也沒關係

六、七年前，我走進我朋友蘇西的家，發現她正坐在桌前，身邊都是剪刀和勞作紙。她正仔細認真地把小小的正方形黏到一張海報板上面去。坐在她身旁的是她的姪子佛瑞斯特。當時讀高中三年級的佛瑞斯特，前幾個月才搬來跟蘇西住。他是個好孩子，一直都跟爸爸兩人相依為命，而且在前一所高中讀得很辛苦。他決定要努力上大學，而蘇西決心要幫他忙。

蘇西在小塊正方形紙片背後輕沾了膠水，小心翼翼地把它放到紙張上，然後用手掌拍一下，貼到位置上。「這是最蠢的作業了，」她一邊說，一邊把膠水沾到另一塊正方形紙片上。「這好像是羅馬式馬賽克還是什麼的。他今晚必須把這裡所有的都黏好。」啪。她旁邊的佛瑞斯特，被一堆書和可能要花四、五個小時才能做完的學校功課團團圍住。夜晚還長得很。

蘇西不是特別有藝術感的人。就我所見，要她仿造出青少年的作品，完全沒有問題。她的小女兒跟我大兒子國小五年都就讀同一所學校。我曉得，這根本不像她會做的事，不過，看看堆在佛瑞斯特四周的書，同時我很清楚他在這所環境比較學術的新學校必須花多少努力才能有所成，所以我完全可以謹守自己內心的原則之一：千萬不要評斷那些孩子比你小孩還大的那些家長（或姑姑）。有時候，你就是會做出自己發誓不會做的事。

話說回來，「有時候」這個詞很重要。如果你每一份報告都要插手；如果你會擔心二年級生傳記報告的三折式海報版「看起來好像出自七歲小孩之手」；假如每次聽到「報告」你就要用上模板、或貼背景、或用作簡報那種有波浪邊的剪刀，那麼，這可能表示時機到了，你要開始抽身不參與家庭作業、或對跟一切和海報版有關的事置若罔聞。

然而，有時候當你會發現你家讀六年級的孩子，決定那張交通安全海報上的字應該要是白色的、而且整張海報的其他部分都要著色，於是他晚上十一點還坐在那兒，拿著彩色筆，小心翼翼地填滿海報所有該著色的地方，這時你會拿起另一支彩色筆幫忙。有時候，你正準備坐下來打開筆記型電腦或是剛好要出門上班，結果電話響起，電話那頭是你情緒失控的孩子；他花了一整個週末才完成一份大型報告，可是卻忘了把老師規定一定要放的一頁放進去，而你那天沒什麼事，那你會有空幫他送過去。

有時候，你不會這麼做。你不會在家幫忙著色；孩子情緒失控來電說報告少放了一頁時，你人在開會；或者，你會再跟他說一次，昨天晚上就告訴過他要整理背包，雖然他把那份《魯賓遜漂流記》的報告草稿忘在廚房流理臺上，你也很遺憾，而現在的他得利用下課時間重寫。有時候，你可以選擇什麼時候幫忙，而有時候，是當時的情境幫你做了決定；最後，一切都會獲得解決的。

佛瑞斯特去年春天從一所小型大學畢業，現在他做著第一份工作——管理建築工地。他是一個討人喜歡、獨立的年輕人，不會一有什麼小問題就跑去找蘇西，也不會要她在自己上班遲到的時候，打電話給老闆——偶爾倒是會拿髒衣服回家洗就是了。

據我所知，再也沒有人要求他用勞作紙製作羅馬式馬賽克了。

第6章
三C不是洪水猛獸，卻有待馴養

在孩子眼中，玩三C本來就樂趣多多。你我也別自欺欺人了——成年人自己也愛看電視、用電腦、滑手機或平板啊。在這個情況下，問題不在於把三C時間變成快樂家庭生活的一部分，而是找出使用三C的時間平衡點，讓大家有充裕時間做其他事，同時確保大家不會為了維繫平衡，而有所不快。

每一年，都會有新的數據出現，警告你我這一件大家早就知道的事：我們（父母、青少年、還有兒童）花過多時間盯著螢幕看，或使用互動式電子產品。最新數據顯示，根據家有八歲到十八歲兒童的家長回報，工作之外，每人每天平均花超過七．五小時使用有螢幕的電子媒體；重點是，有部分人還一心多用，例如一邊用平板上網，一邊看電視。根據青少年回報，每人每天花在與學校無關的螢幕時間將近九個小時，同時，未進入青春期的少年少女（八歲到十二歲之間）每天大概花六小時。這些數據不包含為了做事、學校課業、家庭作業等的螢幕時間。年紀再小一點的孩子，顯然較少使用電子媒體：根據家長回報，五歲到八歲的孩子平均每天花在媒體上的時間大約兩個半小時；兩歲到四歲的孩子則是二小時；兩歲以下的孩子大約一小時。

談到螢幕時間，絕大多數都在討論如何限制孩子的使用時間，但其實連我們自己都做不到。螢幕時間之所以如此棘手，大部分原因就出在成人自己也需要管理那些晚近才出現的三C科技。我們明白，即便我們得以學習、互相聯繫、閱讀、拓展自己的思維，但偶爾我們也會氣惱，不知為何一上個網，三小時就這麼過了。我們的孩子也面臨同樣的難題。

什麼出了問題呢？

首先，跟我們的童年相比，我們孩子所面對的生活中，最大不同就是跟朋友互動、交換訊息的方式改變。過去我們得親身跟朋友廝混、在課堂上傳紙條、寄信給筆友、花好幾個小時講電話，而現在我們的孩子是在網路上跟朋友廝混、貼文、傳簡訊、寄電子郵件、用照片聊天。文明的進化，讓我們很難用我們自己學會的方式來教孩子，而這當然會讓我們不安。

當「常識媒體」（Common Sense Media）[6]調查一千多名家長，要他們說明自己對於螢幕時間相關問題的擔憂時，家長的反應大致可以分成兩大類：擔憂孩子們**沒做**的事（面對面聊天、閱讀、到戶外玩），以及擔憂孩子們**做了**什麼（花太多時間看影片或玩各種設備、使用社群媒體、接觸色情或暴力內容）。這兩種擔憂，都反映了年長世代對自己孩子的憂懼：**我們以前沒做而他們現在做的是什麼事？如果他們不做那些我們一直在做的事，他們會失去的是什麼？**

在這些憂懼之中，再加上一個跟垃圾食物帶來的類似難題——相較於真實世界的食物，大部分的垃圾食物，就是為了讓人更想吃、看起來更好吃而製造出來的——所以，科技是不是也會成功製作出一個抽空我們真實生活樂趣的問題？

因此，我們必須根據更深化的家庭價值觀，做出抉擇、設下我們自己的使用限制，然後才能教我們的孩子有像學樣，或者向他們承認我們也跟他們同樣在一個難題中打混仗。因為我們想設法要幫孩子學會的事，是我們很多人自己都還沒學會的。

6 譯注：「常識媒體」成立於二〇〇三年，總部在舊金山，是專門幫助兒童、家長和教育工作者提供媒體和技術使用建議的非營利組織機構。

改變觀念：讓成年人快樂一點的科技應用

討論孩子的螢幕時間題，不可能不先考慮我們自己使用三C螢幕的時間。我們會設定目標，規範自己對手機的使用程度：睡前一個小時要關機！當我們去散步時不帶手機！因為我們花在回覆電子郵件、掛在網路社群上的時間越來越長。

有些人對自己的螢幕時間非常滿意。智慧型手機和網路也許不能托嬰，但當我們碰到大部分問題時，找醫師、自己的爸媽、甚至見多識廣的友人提供解答的速度，還遠不及網路的解惑速度。要是我們碰到了某一個難以處理的教養問題，無論那問題有多罕見，都可以找上有類似問題的家庭社群。

然而，這也有缺點：當我們得以在棒球賽上下半場的空檔趕快接一通電話時，我們會感激手機帶來的便利；但是當我們要讀床邊故事給孩子聽卻不得不回覆老闆的電子郵件時，我們就痛恨新科技讓工作和家庭無法清楚劃分。我們超喜歡在臉書分享自己的照片，不過，當家裡亂糟糟，而春假時不得不呆在家裡的我們還得了腸病毒，那麼，其他人在海邊拍的照片，可就讓人快樂不起來了。

決定我們希望如何跟數位世界互動的方式，就意味著我們首先要決定希望從中獲得什麼，優先順序又是什麼，理由為何。但如果我們能牢記以下幾點，就有辦法一步步邁向讓全家更快樂的科技應用經歷。

✓讓自己有真正的離線時間

我們很多人都是手機不離身，就算我們覺得自己並未一直盯著手機，但其實我們可能有；而且，一直拿在手上，就表示就算只有稍微一點點私人時間，我們就會用手機。

就算你的工作要求你在合理範圍內要能讓人找得到，或者要讓孩子的保母能聯絡得上，而且有時聯絡時間稍微長了一點，這些都沒有關係——但是，當你去看醫生、上瑜珈課、在公園散步、或需要全神貫注工作時，是不是關得掉手機？

深思一下，決定你要不要一有機會就滑手機，如果不要，那不妨找出辦法，讓自己在必要時能丟下手機不管，或者只將手機用在必要的用途上。我騎馬時會攜帶手機以備緊急之用，不過，我會把它塞進不好拿取的腰帶裡。

一旦你越常把手機擱一邊，就會越常想這麼做。知道自己只要按一個鈕，就能找到朋友或緊急求助，這真的很棒沒錯；不過，知道你是自己的時間和注意力的主人，那種感覺也一樣很棒。

✓ 一次只做一件事比較好

舉例來說，如果你這個週末要在家加班兩個小時，你可以選擇：把自己關進房裡兩小時，等工作完成再出來；或者，你可以坐在廚房中島前，前一分鐘做事，下一分鐘回答孩子的問題，接著再工作兩分鐘，然後花兩分鐘把孩子打結的頭髮梳開，隨後再工作一分鐘，然後起身幫孩子做三明治，接下來再做五分鐘的事……你懂我意思了。到了晚飯時間，你已經累壞了，而且，整個下午過去沒人過得開心。

第一個做法會更為有效。

每回我們轉換任務時，轉換的過程會耗損我們的時間。那種要做不做的狀態，不僅讓我們自己不愉快，對我們的孩子也是。心理學家凱瑟琳・史坦能阿黛兒（Catherine Steiner-Adair）在《大斷線》（*The Big Disconnect*）一書中說，她詢問一千個孩子，當爸媽使用智慧型手機時他們有何感受，最常見的答案是「**覺得自己被排除在外**」。孩子們曉得我們根本心不在焉，而且他們不開心。

✓使用數位裝置不要有雙重標準

你的孩子總有一天會擁有自己的手機、平板、筆記型電腦。而他們使用這些東西的方式，會反映出你向來使用這些東西的方式。如果你的手機經常在飯桌上出現，那麼，他們的手機也會。假如孩子跟你說話時，你常盯著螢幕而不是他們，有一天他們也會有同樣行為。

前面提到的兩個規則（「讓自己有真正的離線時間」和「一次只做一件事比較好」）也可以幫孩子建立他們使用電子媒體的標準。如果他們從小看我們是把手機當工具用、而非手機不離身，那麼，要教他們有樣學樣就會輕鬆許多。假如我們曾告訴過孩子，我們接下來的四十五分鐘要處理工作上的電子郵件，接著我們就把平板收起來，而且說到做到，那麼往後要叫他們「結束和朋友的互傳簡訊，和我們一起去散步」便會簡單許多。

這並不是說，碰到跟三C有關的事情時，你非得堅持你給孩子設下的規範和限制。只要是合情合理，而且你們對於與人聯繫、上線方法和時機等等，有著共同的家庭價值觀，那麼，比起硬要試著說服孩子照著你說的做，不妨和孩子一起去設定、並且遵循那些限制規範。

✓可以不在網路上做的，就別在網路上做

假如你很重視你認為的非數位世界的活動，例如閱讀和寫作，但你又往往透過數位方式（電子書和電子郵件）來做這些事情，那麼不妨將這些數位產品從你的設備中移除。換句話說，就是去讀一本書或實體雜誌、寄張卡片或是寫封信給朋友、畫幾張圖、或者寫寫日記。利用晚上時間、或者工作空檔讀一本實體書，這種方式，可以反制我們偶爾對數位裝置吞噬我們清醒時間所感到的那種不平衡感。各種新聞來源的推播通知不會出現在實體書的頁面上。

搞不好你會發現自己比較喜歡讀實體書。我就是這樣，只不過我並不介意讀電子書；事實上，我用的是大尺寸的手機，所以，如果突如其來要讀些東西，我就可以在大一點的手機螢幕上看。很多孩子和青少年都說他們也偏好實體書。有一家英國的行銷研究公司說，百分之六十四的青少年表示偏好印刷書，只有百分之十六的人偏好電子書。

✓拜託，別再分享那個了！

根據讓人半信半疑的統計資料顯示，大多數的父母，在新生兒出世一個小時之內，就會把孩子的的照片貼在他們的社群媒體上。接下來還會分享孩子成長的重大時刻紀念照、家族照

片、有趣的故事以及一堆有的沒的東西（多到了某些沒孩子的朋友會想辦法暗示他們「別再讓我看這類照片」的程度）。

不過，有一天你的孩子可能會抗議。朋友凱倫的臉書頁面跳出一段五年前她幫兒子錄製的影片（當時四歲的兒子模仿著灰袍巫師甘道夫嚴厲地宣稱「你不准越過來」）她馬上按了分享，還打電話叫已經九歲的兒子上網看。她兒子覺得丟臉死了：「拜託，別再分享那個了。」那次之後，她都會先問再分享。

要是你有這種傾向，那麼，與其把影片放上網路，不如傳給一些朋友就好。我擔任《紐約時報》親子家庭專欄的編輯時，曾經收到一篇來稿，作者談到自己擔心她的男寶寶陰莖過小。那篇文章寫得不錯，談的主題對很多家長來說也許感同身受——不過，我溫和地向她解釋，我代表她以後會長成青少年的那個兒子，婉拒這篇投稿。有些東西，不要在《紐約時報》裡面談。

請記得，就算是年幼的孩子，碰到自己的生活過於被公開時，也會感到赤裸不舒服。

✓別忘了，未來的駕駛們都在看

關於你和手機使用的最後一個概念是——假如，你已經在開車了，卻沒有把手機放一邊，那麼，從現在開始就這麼做：你要做得很誇張、做到大家都看到。「我要把手機放進包包裡面因為我在開車！我甚至不用免持接電話，因為我要切進交流道開上高速公路！」

如果你開車時真的不得不與他人保持聯繫，那叫孩子把簡訊讀給你聽，然後幫你輸入簡訊。或者，把車停在路邊後再繼續講電話、傳簡訊。總之，車子行進中不要拿手機。

為什麼呢？因為坐在後座的那個學步小娃，有一天也會成為坐在駕駛座的人，比起你的說教，他們更會從你的行為中觀察、學習。你可能以為自己可以低頭快瞄一下手機然後再看路（你錯了）。話說回來，你希望自己十六歲的孩子也這樣做嗎？如果你不希望，那麼，你自己開車的時候，就不能這麼做。

與時俱進限制小孩、青少年的螢幕時間

我們是父母，本來就會對許多事設下規範限制。假如我們還沒有設定規範，那往往是因為孩子還沒踩到我們沒說出口的底線——這是遲早的事。螢幕時間也不例外。一旦我們察覺孩子上網時間過久，就不會讓孩子繼續看或繼續玩了。

有的家長只要孩子有先做完家事和家庭作業，就不限制某些遊戲和節目。爸媽有可能會讓孩子玩平板電腦中的遊戲還有互動電子書，連同玩具箱裡的所有東西，但是會限制孩子看電視，或者只允許他們看一點電視（根據他們的理論，電視看上一會兒就倦了）可是不准玩電玩。他們可能不限制孩子使用手機，但會要求孩子就寢時間把手機放在樓下，不然就是過了某個時間後把網路關掉。就連最寬大的爸媽也會限制色情和暴力射擊遊戲。

我們設下界線是正確的。兒童的生活裡需要規範，而提供那樣的規範（即便我們只是讓他感覺爸媽不會讓他們看「太久」的影片或玩「太久」的遊戲），會幫助他們覺得自己處在一套穩定、安全、照規矩來的制度之中。

話說回來，雖然我們應該要找出合用於自己家庭的規範限制（詳見之後的討論），我們也不應該大驚小怪，不讓自己的孩子（即使是幼兒）適度地以我們覺得合宜的方式看影片、玩遊戲。就連「美國小兒科醫學會」（American Academy of Pediatrics）最近也修訂了他們的建議指南，不再說兩歲以下的孩子「不要接觸」媒體。給小孩一些適齡內容的螢幕時間，是沒有大礙的。

不要認為你對科技產品的限制，是為了限制住某種危險。相反地，要想成是在保護有價值的東西。同時也別忘記，那樣的保護還不夠。你的目標，不只是要控管你家孩子如何跟有螢幕的裝置互動，同時還要教導他們，要能隨著年齡增長控管自己。

✓訂出規範限制，讓螢幕時間更快樂

對不同的家庭來說，所謂「適用」的規範與限制都各自不同。問問身邊的爸媽，你可能會得到各種答案：從完全不准（通常是對小小孩的限制）到「孩子太超過的時候我們就會吼他們」（這特別會出自家裡有使用智慧型手機的青少年的父母口中）。我們的規範有一個明顯的需求：當三C裝置和孩子們已經改變時，規範也要隨之演進。我們的目標並非絕對，而是希望達成一種平衡，讓科技和其他一切你我希望在生活當中做的事，可以彼此相容。

雖然我想跟你們說，我們家的螢幕時間規定反映了我們對於家庭價值觀和對未來的熟慮深思，不過，根本不是這樣。相反地，它完全是根據我所聽到的請求跟討價換價的討厭程度而定。我可不可以看一個電視節目？可以嗎？可以嗎？為什麼不行？可不可以嘛？一個節目就好？就一個節目的一小段呢？我可不可以玩我的任天堂掌上遊戲機？只玩個幾分鐘就好可以嗎？為什麼不行？可以嗎？可以嘛？我們家小女兒講「可以嘛」甚至有一個特別的減省講法：可嗎？可看嗎？可玩嗎？可？可？

其實我的目的並非真的要減少他們花在電玩跟三C裝置的時間，而是要減少我自己牽連其中的麻煩。我有想過限制時間，不過，我要怎麼追蹤呢？要是每個孩子可以花一個小時使用單一臺電腦，那麼，要是三個孩子在睡前一小時都要用電腦，那這個規定適用嗎？假如每個人每天都可以看一小時的電視，那麼，最後會變成四個小時嗎，還是我要把已經用完一小時額度的孩子趕出有電視的房間呢？我知道我自己會設定計時器然後重複說「關機時間到了」，同時不斷提出警告、還要一直處理「再一分鐘就好」和「我就快結束了」這種狀況。

因此，我們沒有限制他們可以使用「多久」，而是限制「何時」：週間都不行、除非情況失控否則賽季的週末可以、如果你對「關機」的要求有所抱怨或唉唉叫的話，隔天的特別待遇立刻取消。我願意強力執行（部分是因為我總是樂得有藉口能完全關掉那些有螢幕的裝置），而且，我才執行兩次之後他們就曉得我是認真的。學校放假日和暑假的時候，我們還是遵守同樣的明確規定，而且我發現了一個意想不到的好處：有了明確規定之後，孩子們就曉得，他們要做其他的事。

八年來，那些規定對我們都還滿合用的，到現在也大致管用。或許，雖然我想出那些「週末才可以」的規定時，並沒有仔細想過我們的家庭價值觀，但我正好想到的是螢幕時間影響我最重大的一點。我的孩子們內化這樣的觀念：凡事該有節制，而他們應該知道規範限制是什麼，同時嚴加遵守。（讓人不敢置信的事，這麼長的時間裡，我們只碰過一個孩子偷偷違反規定，而且就那麼一次。）建立起規範，促成了我們家庭的快樂幸福，還有我自己的：大家都有所依循，就算科技產品有所改變，這些規定很簡明，不需要跟著改變。

當我家兩個大孩子購置自己的手機和筆記型電腦時，我們要求他們遵行跟電玩和電視相關的規定，他們也都照做了。到目前為止，我們還沒必要限制他們的手機時間。但這並不表示我不需要邊開車邊叫我女兒把手機收起來、然後告訴我她今天在學校怎樣，因為我自己也要這樣做。不過，她們慢慢學會了在寫作業時把手機放在房間的另一頭，或者當全家一起外出時把手機放在口袋裡。在遵守多年的規範後，已然為她們的自律定了調。

話說回來，雖然我喜歡我們家的規定，可是，它並不適合每一個人。在你制訂你家的科技產品使用規範時，要把自己的偏好以及孩子的年齡與需求納入考量，同時，隨著事物與孩子成長，你可以允許自己做調整。

✓給小小孩的科技產品使用規範

家有小小孩的爸媽，通常碰到的是以下兩個問題之一：不是孩子們看或玩的時間太長，就是他們拜託哀求的太過。就算螢幕時間本身不是問題，他們的討價還價也會把人搞瘋。

要是你現在的方法不管用，那麼好好想一想問題是什麼：誰是決策者？孩子看影片或玩電玩，是由你來決定內容、時間、地點呢？還是說，面對他們的請求（或強硬要求），你經常會讓步？

當你家孩子還小的時候，他們大部分的媒體選擇，就應該是你的選擇。但如果你覺得實際情況不是這樣（內容也好、時間長短也罷，他的哀求或堅持或啼哭或鬧脾氣，都會讓你心軟讓步），那麼，應該由你來設定規範，堅持到底，最終那個規範限制就會變成例行習慣。

也許，你必須花很久時間，而且還必須拿走那些孩子覺得是「他的」東西。但是，在孩子此刻的年紀來重拾你對他們使用媒體的掌控權，比起日後才做，要簡單得多。假如你很難把裝置「關掉」，那不妨試著利用科技應用提供協助。根據研究發現，把影片或數位播放器的繼續播放功能關掉、使用數位錄放影機只錄一個節目、或利用一段時間之後就能關閉數位裝置的工具，都可以讓「關掉」的過程比較順利。你還可以在電腦上設定時間限制或限定影片串流服務，甚至設定你家的無線網路到某個時間自動切斷。

一如其他的所有事，碰到孩子唉唉叫或不斷要求時就讓步，只會引發更多同樣的行為。你可以考慮像我們一樣，只要孩子要求延長螢幕時間或改變規範限制時，就取消他們下一次看影片或玩電玩的時間，特別是當哭鬧真的已經耗盡你的心力、讓你們無法享受家庭時光的時候。就算孩子認為你嚴苛不合情理，也沒關係。

你家孩子明白為何要加以限制嗎？跟孩子聊聊為什麼你要限制螢幕時間、做出合乎健康的媒體選擇。假如你家孩子的學校有媒體教育課程，或者小兒科醫師詢問他們上網相關的問題，這時你不妨趁勢引導。你的孩子會想跟老師或醫生說，他花了六個小時玩電玩或看卡通嗎？如果他不想，原因是什麼呢？我們的孩子往往有一種自己需要規範與限制的感覺——你要讓它成為孩子的具體信念，相信花在螢幕裝置的時間要有所節制，是十分重要的。

不得不讓孩子們使用數位裝置的重要情況是什麼？有時螢幕時間的確也真是個免費的保母——當你需要利用三C螢幕轉移孩子的注意力時——所以，好好思考一下如何運用那種能力。你在飛機上會不會給孩子看影片或玩電子裝置呢？我們就這麼做過，也都會這麼做。那麼，在超市購物或出門辦事的時候呢？我們沒那麼做過，也不會那麼做。因為，購物的時候，有很多可以看、可以學、可以經歷的事物。在車上呢？如果是長途旅行，我們就會；但如果是一小時之內的車程，我們就從沒用過影片或任何東西。開車時間是很棒的聊天時間。如果你現在開了先例，把開車時間當成看影片或玩電玩的時間，那麼，以後你可能會後悔。在醫生的診間呢？一般來說，我們不會給孩子看影片或玩電玩，但有個例外狀況。研究指出，在某些情況之下，電玩能有止痛藥的效用，而且，它們的確可以消除很多孩子看病的焦慮。

在餐廳呢？我們有那種直接會把DVD播放器帶來餐廳吃飯的好朋友。他們吃飯、聊天；他們的孩子則吃飯、看影片。那個男孩，現在也已經十五歲了，他是個可愛的人，不會過度依戀三C，這讓我有點被迫承認朋友的做法也不錯，但我還是傾向於：在孩子應該學習乖乖聽話的情況下，影片不應該被用來當成安撫孩子的東西。不過，只要你不是「一直」給孩子三C，而會適時下苦功教育孩子公共場所必要的合宜行為，那麼，最後的結果，其實都還好。

有必要區分玩具跟工具的差別嗎？有些媒體的使用是被動式的（例如看影片），有的有些媒體使用則是主動式的，但不需要太多思考或創造力（很多電玩皆如此）；還有些媒體饒富創造力（意思是說，它們會鼓勵孩子創造或生產些先前不存在的東西——遊戲啦、影片啦、歌曲啦、或是詩等等）。一旦你的孩子年紀大到足以理解之間的差異，便可以把你的螢幕時間規範限制，改成讓他們把三C裝置當成工具使用。如果孩子想要利用某種裝置寫作、寫程式、或者閱讀的話，或者，假如他們有一個應用程式能讓他們測量東西、辨識星象、或是設計T恤——那麼，你就會希望鼓勵那種三C產品的使用（當然要適可而止）。運氣好的話，你會發現，孩子們比較喜歡創造，而不是使用其他人創造出來的東西呢。

如果是學校提供的科技產品呢？有些學校，提供每位在校學生一臺平板或是筆記型電腦。通常那些學校也會試圖在那個裝置上設限，不過，孩子多半有辦法避開那些限制，而且，這些裝置提供的網路存取，創造了機會，讓他們能夠以做「家庭作業」之名，行大量觀看影片、傳訊息聊天之實。

擁有學校提供之科技產品的孩子，會需要培養自我監督的能力，不過，你必須跟孩子討論，當會讓他分心的東西向他招手時，你會怎麼協助他專心於課業上；你還要跟他討論，當你實際上無法隔離那個裝置的時候，你的規定要怎麼執行。當孩子們在讀書的時候，叫他們在家中的公共空間做線上家庭作業，你便能輕易地瞄一下螢幕，看看上面的內容——即使這麼做，你得把其他的裝置關成靜音，也無妨。一點點的安靜，絕不會傷了任何人的。

什麼對我家孩子才管用呢？有些孩子比較願意遵守規範與限制，同時，有的孩子就是對各種形式的媒體都提不太起興趣。很多家庭對不同的孩子，有不同的規範限制——這是因為，「不要過量」的規定，對其中一個孩子管用；然而，另一個孩子則需要你規定他「每天一小時，週末兩小時」，因為為他會盡可能把螢幕時間用到滿。在跟我家一樣的家庭裡呢，不平等的對待會造成不和諧（哇，跟實際會發生的結果相比，這講法聽起來還真溫和呢），所以，使用科技產品的規定就必須符合所有人的最低要求，適當的時候再准許例外。

要把使用科技產品當成獎賞工具嗎？很多家庭會允許孩子們做完家事和作業之後使用科技產品，作為好表現或好成績的獎勵工具，或者當成交換條件，要孩子做爸媽希望他做的事情（通常是閱讀）。有的家庭會擔心，把使用科技產品設定為閱讀或完成其他工作的終極目標，有礙於孩子對閱讀本身的看重，或是美化了使用科技產品這回事。話說回來，那些施行「獎勵」

政策的家庭，對這個做法很滿意——這種做法，很合乎許多成年人的做法；他們把上自電視、下至社群媒體或遊戲的一切當成獎勵，或當成工作結束後自我放鬆的方法。「我家孩子有張我們製作的每週差事表，每一件差事都可以換一分鐘的遊戲時間，」住在佛羅里達州的艾莉克賽說：「如果被要求而且提醒過一次之後，他們還是沒有配合，那我們也會發給他們懲處單，一張扣兩分鐘的遊戲時間。我們會加總所有的分鐘數（通常最後算出來，他們大概都掙得了一個小時或一個半小時的時間）。他們週末時要把每天例行的家事完成之後，才得以使用他們的遊戲時間。」

用這種方式教導孩子自我監督，有助於他們日後同樣照著這麼做；雖然，你或許得扣留他們的手機直到他們做完作業、或者在完成目標之前，將科技產品設定在「使用者忙碌中」的模式，如此才能協助孩子繼續堅持。

什麼特定內容需要被防堵呢？暴力或色情內容，想當然爾是要限制的區塊，不過，你家也許有其他的「禁區」。許多家庭禁看像迪士尼頻道和尼克兒童頻道（Nickelodeon）的少年少女情境喜劇（有個朋友這麼跟我說：「我們把電視上的迪士尼頻道跟尼克兒童頻道封鎖起來了，因為她看了變得好人厭。」）若你女兒把雙手放在臀側，然後換上一個你不熟悉的裝可愛表情還有語氣，對你說「**你是個又肥又巨大的苛薄鬼！**」之後，作態地大步走開，那麼，那一天可能就是某些電視節目在你家播放的最後一天。有的爸媽甚至根據同樣的理由禁看所有的電視節目。另一個朋友說：「有一天我們決定不再讓他們看電視，因為我們發現，他們看電視的時候更討人厭。」那就**做你自己**吧！我家孩子知道，他們看某些電視節目的時候不能讓我聽到，因為裡面的劇情和表演方式會讓我超興奮，而且他們覺得更糟糕的是：我會走進房間，開始評論節目裡的性別刻板印象、愚蠢的選擇、劇中角色對待彼此的方式，或整部戲的荒唐愚蠢。

其他人的狀況呢？使用科技產品的規矩，顯然各家不同。如果孩子從朋友家過夜回來後媒體時間變少，很少有家長會反對這種改變，但若是情況相反，有些爸媽就會擔心了。你會不會找上另一位家長聊聊，又是另一個問題（除非兩邊父母很熟，而且孩子常常一起玩，不然，我只會提到恐怖電視節目或電影、或者適齡電玩這類的疑慮）。

然而，你會不會希望你家小孩在別人家裡也要嚴格遵守你的規定呢？我是不會要求我家孩子把我們的規矩帶到別的地方，但我的確會要求他們遵守別人家的規矩，也會要求他們的朋友們遵守我們家的規定——還有，除非他們一起上網，不然，朋友來家裡玩的時候、或是去朋友家裡玩的時候，不要上網。

我的孩子會不會騙我呢？假如你懷疑你的孩子會想辦法逃避你設定的媒體使用規則，那麼，訂定一個容易監督和執行的規定，就很重要了。你要考慮孩子是否經常獨自一人並且有機會使用數位產品（包含平板電腦或遊戲裝置），同時要思考你自己使用其他形式來作監督的可能性有多高，例如：檢查數位影像錄影機的使用時間紀錄，或是看看網頁的瀏覽紀錄。

你也要想想，要是你的孩子真的欺騙你，你要怎麼辨。我家小兒子八歲時，他替自己的任天堂遊戲機訂購了一個自己超級想玩的遊戲。遊戲送來的那天是星期二，到他可以使用螢幕時間的週末，還有**好幾天啊**！

當晚過了睡覺時間後，我走進他的房間，逮到他正在玩。於是我們取消了他接下來整個週末玩遊戲和使用三C的特殊待遇。那次之後，這孩子還有幾次禁不了誘惑的情況，而我跟先生才了解，他需要一段時間的外部監控限制。由我保管裝置、掌控密碼、提醒他不遵守的後果。等他大一點之後，我們才慢慢放寬鬆，讓他仰仗自己的意志力。

有沒有安全和隱私的疑慮呢？跟你的家人商討，碰到以下事情時該如何處理？孩子登入多人線上遊戲、使用父母的電子郵件帳號登入網站、桌上型電腦的相機使用、還有共用密碼等等。還有，隨著你的孩子加入不同的遊戲或社交平臺，你也要重新省視那些規定，以及在網路上可以分享什麼的家規。

「兩家」的難題　假如你跟另一人一起教養孩子，卻各自住各自的家，那麼，螢幕時間的教養問題，就更加棘手了。即便同住一起的伴侶，也都需要花時間協調規定、執行方法。假如你和孩子的另一個家長關係不好的話，那麼，螢幕時間可能又是一件你不跟對方討論或沒有共識的事。

「我的孩子快滿六歲，週間晚上的螢幕時間大概有二十到四十分鐘。週五晚上的家庭夜則固定看電影配比薩。她週六和週日，則有一到兩個小時的螢幕時間，」某位母親說：「我的難題是她在她爸爸家有更多的螢幕時間。我覺得自己已經算滿開明了。然而我可以看得出來，一整天在爸爸家使用螢幕裝置回來之後，對她有什麼影響。而我卻無能為力。」

家長們，如果你覺得自己的孩子在另一個家的時候使用數位媒體的時間比較多，那麼你可能要試著跟孩子一起訂定整體的規範與限制——這個規範，要能包括兩家，而且，在不讓自己變壞人的情況下，允許孩子在另一個家裡有比較多的螢幕時間。

當然，對家長來說，給孩子一點螢幕時間的好處，是很可觀的；假如你的前夫（妻）靠著那樣占了所有上風，那你一定會很沮喪。這時你可能就是顧好自己家裡的安排，至於另一家怎麼樣，那就別去干涉了。

✓前青春期和青春期孩子的媒體使用家規

一旦你家孩子有了自己的手機或可以上網的平板，那麼你對規範的掌控權（以及你對這些規定應該有多大程度的掌控權）會再次改變。這會在孩子幾歲時發生，因各家而異。

在我們家，我們要孩子自己購買三C產品（用他們的存款和零用錢），而且，如果是手機或可以上網的平板，他們還必須分攤家庭上網方案的費用。我家老大十三歲的時候買了自己的三C，老二則是十二歲的時候；撰寫本章的當下，我允許我家十一歲的孩子有比較大的自主權花亂花她的零用錢，這麼一來，在我認為她可以應付手機之前，她就沒辦法買得起手機了。

就算是孩子自購的三C（包含筆記型電腦在內），也不表示這些裝置不必謹遵我們的規定。話說回來，大概就是孩子有了手機而且開始要在線上寫作業的時候，很多家庭才會注意到，他們的規範需要跟著改變。一旦孩子能為自己做的事情變多，那麼，過去由你掌控的辦法，就失去了約束力——你會目睹到他們使用螢幕的時間從兩、三個小時，大幅躍進到了超過六個小時。大一點的孩子需要尊重你立下的規矩，也就是說，如果他們相信規矩的重要性，那對於你執行這些規矩的能力與意願，就不會有所懷疑。

全家努力，一同建立平衡適度的螢幕時間

運氣好的話，你一直以來都有跟孩子討論為什麼要限制螢幕時間；但如果你還沒，那就從現在開始。假如連你自己要花好大的力氣訂定規範，那麼，更不要閃躲，給你的青少年孩子看看你用什麼應用程式來協助你在工作時抗拒社群媒體魅惑人的提示聲，跟他們聊聊不想打大型報告的草稿（這差事真難！）只想回電子郵件的那

種感覺（這工作真簡單！）。向孩子們說明，碰到與螢幕時間相關的事，你自己想做到的是什麼，然後，叫他們聊聊他們想做到什麼。或許他們還記得有一次出遊，你花了太多時間在工作（就算這不是螢幕時間，但對孩子來說，感覺也算）；像這樣的回憶，可以激起對話，討論出為什麼訂出何時你上網、何時不上，是一件重要的事。

以下的問題可以協助你開啟那樣的對話，不過，你要記得，你們家人應該要遵守什麼樣的規範、作何種限制，這些都要由大人決定，而不是由青少年。有的時候，你必須更嚴格，才能把已經太超過的情況重新控制住。有的時候，你可能要聽聽有道理的提議，放寬你訂下的規矩。你務必要聽聽孩子們對螢幕時間的想法，但是，不要放棄自己的管轄權。我們的孩子，需要我們以誠相待，但也需要我們給予指導。或許，你自己都還在摸索怎麼使用科技產品，可是，關於平衡適量、人與人間的關係、還有人生中什麼才是真正重要的事，你有很多的體悟是他們沒有的。

這個螢幕裝置是用來做什麼的？這是個好問題，你要拿你的手機來做什麼事呢？你要手機協助你做什麼呢？你希望從電腦或電視得到什麼？讓你分心、提供消遣、還是充當背景音呢？與人聯繫？提供資訊？你用這個螢幕裝置做的事，有沒有符合自己原本的目的呢？這個三C讓你更快樂、做事更順手，達成某個目標了嗎？還是說，它是個阻礙呢？

等到孩子們進入前青春期和青春期，大部分都已經明白，自己想怎麼跟三C互動。很多學校也會有數位禮儀和媒體素養的討論。孩子們曉得，作為社會群體的一分子，我們所有的人都想辦法要在上線和離線中取得平衡。話說回來，我們自己難道不是每天螢幕時間超過七小時的爸媽嗎？這本來就不好處理，而假裝這不困難其實一點意義也沒有。聊聊我們希望自己的裝置在現實生活中協助我們做到、感受到的事，有助於你我每天做出符合大方向的小小決定——曉得何時、要不要拿起那些裝置。

就算你們同意了大原則是什麼，魔鬼也還藏在細節裡。家庭作業肯定不算「螢幕時間」，不過，傳簡訊呢？點朋友送來的視頻連結看一段影片又算不算呢？以下提供的問題，你可以用來跟年紀大一點的孩子開啟對話：

你認為，如果隔天要上學的話，那前一晚看多少電視、影片、或者玩遊戲，算是合理的呢？

你想要當消費者還是創造者呢？

你覺得自己可以接收或傳送簡訊的時間，最晚應該到幾點？

要你寫家庭作業時不要看手機，對你來說很困難嗎？怎樣做可能會有幫助？

有哪些事是你週末想做的？你想把多少做那些事的時間花在看影片或玩電動呢？

（承上）如果你有朋友來我們家，那麼，答案會有所不同嗎？

如果你接到一則讓你害怕、或是跟性有關、或是讓你擔心的簡訊，你會怎麼辦？

當你的朋友對彼此氣惱的時候，你怎麼看待他們利用自己的網路人際關係？你又會怎麼利用你的網路人際關係呢？

還有，跟孩子們分享你擔心的最壞情況是什麼。如果新聞提到了一個特別可惡的網路壞行為，那麼，你就要拿它來聊一聊。你要直接跟孩子們說你希望他們有什麼樣的行為表現，就算他們尖叫著說：「我的朋友絕對不會分享裸照／直播強姦／創建一個討論仇女內容的臉書社團。」喔，他們當然不會這樣做，不過，要是他們做了那些事，你希望你的孩子拒絕加入的同時，耳邊迴繞著你說的話。

這些數位裝置晚上該放哪裡？關於這個問題，有一個傳統的正確答案。深夜使用這些數位裝置，會干擾睡眠，除了傷害視力和身體之外，而且我們疲累的時候很難向誘惑說不。我們這時狀況最糟糕，會對著我們最不希望聽到那些話的人，說出我們最不想說的話——這可不是什麼使用社群媒體的好時機。

無論是什麼裝置，只要不帶著它們上床，那麼，就可以防止這一切發生。住亞特蘭大市的荷莉就要求她的孩子在全家人上樓閱讀與就寢之前（真讓人敬佩，幾乎大家都同一時間上樓），要把學校的筆記型電腦還有他們的手機，放在廚房的充電櫃裡面。「孩子的朋友到我們家來過夜時，也要這樣做——上床睡覺前我們會把他們的手機收起來。對於夜深時他們朋友們發來的簡訊數量之多，我一直都覺得很不可思議。」

我覺得這個點子實在太棒了，我甚至還因此弄了一個大型公用充電區——只不過，最起碼到撰寫本章的當下，我們都還沒要求我家孩子一定得使用這個充電區。有些孩子會用，有的不會，有的人則看狀況。我把手機當鬧鐘用，我先生也是。我女兒晚上會在平板上閱讀東西（新的設定可以讓你調整螢幕亮度，因而降低對睡眠的干擾）。有時候我家孩子也會把數位裝置當成鬧鐘使用。

話說回來，我承認，手機一整晚放在床邊，就是個絕大誘惑。我也不全然認為我們家選擇的做法，是處理這個問題的正確方式。只不過，現階段這麼做，對我們來說還挺適用的，而有時候，我們能做的，最多就是這樣了。

該不該監視孩子呢？怎麼監視才好？聊也都聊過了，做法也決定了，但是，你的工作可還沒完呢。你和你的孩子必須和你已經訂好的規則共存，同時，你也得好好想想，要不要查核一下孩子有無順從？又該怎麼查核？這些決定，全都跟建立信任有關，只不過，有時候你除了信任，還是要查驗。

至於我們監視的方法，本來就會各有不同，而且不見得是你想的那樣。相對來說，極少數的爸媽會依靠外部工具監督孩子的網路生活，例如家長控制軟體或是追蹤城市。我自己嘗試過很多的方法，不是為了限制、就是為了監督各種螢幕裝置，但到頭來出於兩個理由，我都不使用這些方式了：首先，到目前為止，我找到的任何一個方法都不難被孩子們阻擋；其次，我希望孩子靠的是他們的自制力，而不是我的控制。我很希望可以把所有跟數位媒體有關的事，外包給另一個能執行我所訂限制的數位裝置或應用程式，或者，我能隨時監督孩子們在網路上做了什麼，那有多好啊——然而，教育、討論、有時候連執行，都是艱難的工作；這些事根本沒有捷徑。

諸如凱瑟琳．史坦能阿黛兒和黛文拉．海特那（Devorah Heitner）這樣的專家，都不建議依賴外部監督。會主動和孩子討論數位裝置的使用、內容、以及分享的爸媽們表示，他們對於自己的教養能力會比較有自信，而這一點，往往也跟爸媽整體生活滿意度有關。在這種情況下，互動感與參與感——詢問問題、提供看法、討論我們大家一起看、一起玩什麼——會讓我們更快樂。

這個做法的實際運作樣貌，會因為孩子的年紀、個性、以及社交領域而有天南地北的差異。對大多數的父母來說，循善誘導和嚴密監督，是一種演變的過程，必然會朝著監督漸少的目標邁進（孩子讀大學的時候你不會還要查驗他們）；儘管如此，你還是時不時地會加以更嚴密的監控，尤其當孩子犯錯的時候，更是如此。從爸媽監督到自我監督的這個演變，非常重要，而且，假如你在孩子們還同住你家時就幫助他們自我監督，那麼，要演變為自我監督的轉換過程，就會比較容易。

✓把社群媒體也加進這個繁雜的議題中討論

坊間有很多整本專門討論少年少女、青春期孩子、以及社群媒體的書籍。對許多家庭來說，這是一大難題；孩子們經歷的社交生活延伸，是我們沒辦法直接體會的。但也有很多人發現，最終這也只是你我所熟悉的成長拼圖裡的一小塊而已。

每個家庭針對孩子和社交媒體相關的問題所做的決定，都有不同，從「突然在網路上爆紅」的四歲娃兒，到自己決定完全不再使用社群媒體的十四歲青春期孩子都有。不管你們的決定為何，每次你家孩子加入新的社群媒體時，你們那份新的規範綱要，就應該要包含和孩子討論他們打算如何使用這個媒體，同時還要讓他們看看當中的危險：「你看！丟臉的影片在水管上迅速傳開來。」「你看！那個內容會消失的色拉布（Snapchat），用螢幕截圖就可以永遠保存了啊！」「嘿，上次我朋友溫蒂的孩子把哥哥的手機號碼貼到ＩＧ上面然後說那是小賈斯汀的，你知道後來怎樣了嗎？」如果你想確認一下孩子使用這個新社群媒體的狀況，那麼，你就要跟他聊一聊這些事情。

你也可以談談，當我們滑動螢幕，看著其他人細心營造出來的生活，大家的感受是什麼。有的派對我們沒參加到、有些活動我們沒受邀、我們沒去度假、我們的泳裝照看起來不是那麼棒。你要直率不修飾地說，人們分享的圖片，跟他們的生活不一定都相符。也許你會覺得拿自己的朋友或熟人當例子很不厚道，不過，就是需要那麼做孩子們才會有真實感。「你知道芬恩的媽媽看上去從來都不是那副模樣。」「別忘了，你也在那場生日派對上，過生日的女孩切完蛋糕之後就因為耍脾氣哭著走掉了。」體醒他們，你有辦法隨時拍一張上傳臉書的漂亮照片，就算現實根本天差地遠也一樣。

✓教導他們管理科技

你家孩子學習自我監督的同時，也需要學習「使用科技而不依存於這樣的科技」。言下之意就是他們要知道，所有遊戲和應用程式的設計，都是用推播通知和警報催促你快快點閱（包括新聞、電子郵件、還有即時簡訊應用程式），好讓你一直回頭使用它們。

青少年最不喜歡被支配、或是被命令要做什麼——所以，你要確認他們曉得，那恰恰就是大人們在他們最喜歡的應用程式和遊戲上想要達到的目標。雖然網路上的事物可能看起來都很酷也很新潮，不過，他們的設計目的，都是為了賺錢、為了廣告宣傳。真正的反叛，在於拒絕上鉤，而且，有關自己要在網路上做什麼、要怎麼做，這些事應該由自己決定。你要協助青少年和年紀大一些的孩子決定：哪一些極少數的狀況，是他們真的需要在手機螢幕上快速滑一下的；同時也教導他們，當需要把手機螢幕朝下放著（最好切換成靜音）做自己的事和社交的時候，就該那樣做。你也要教他們怎麼在手機上設定他們自己的「請勿打擾」模式。

✓放輕鬆

最後，只要你發現自己身陷網路新世界所帶來的一切壓力與煩惱時，要記住這一點：這個叫做網際網路的東西是要帶來樂趣的。

我們碰到下大雨沒事可做的週末，可以跟孩子們追劇，連續狂看大家最喜歡的新舊電視節目；我們可以即時下載電影；我們可以在線上買一首歌鼓舞大家晚餐後做清理工作的士氣；孩子考完期末考時，我們可以傳給他一張穿著色彩繽紛印度服飾的大象的圖片。我們可以製作一段全家福的過節賀卡影片，還可以透過網路找到我們小時候喜愛的那本《清秀佳人》二手書。

這不是什麼「數位生活」。這只不過就是生活。讓你的孩子虛耗時間吧！跟他們一起虛耗一點時間吧！找一個可以一起看的數位裝置。放膽地相信，這樣也不會有什麼問題啦。

—第7章—

管教你，我比你更難受

管教真的好難。

當我邀集一千零五十位爸媽，寫下他們認為「養育孩子時最不愛的是什麼」，將近三分之一人的答案，都和「管教」有關：「執行家規，奪走他們原有的特殊待遇。」「我討厭不得不懲罰孩子。」「教養。我知道給孩子教訓很重要，不過要管教他們還是很難。」「每當我必須嚴格對待我的孩子，教他們明辨是非的時候。」「不得不給他們訂定規範而且嚴格執行。」「因為他們行為不當而我不得不把他的東西收走。」「懲罰我的孩子，即便我知道，那是為了他好。」管教，就是這麼令爸媽難受。

有些管教只是小事：某些不怎麼嚴重的行為失控，例如在超市裡跑來跑去、在停車場橫衝直撞、作業不寫、跟朋友在外面待到很晚；有些就比較嚴重了。無論你付出愛心、把孩子教得多好，所有的孩子都免不了會犯大錯，這時爸媽就會感覺日常管教的準則好像不太夠，一定要給孩子們教訓：罰站、喪失特殊待遇、說教、禁足等。接著，還有爸媽互相指責：你沒有把這孩子教好嗎？叫他不要在沙發椅背畫東畫西、叫他不要把弟弟咬到流血、不要用你的密碼在手機應用程式內購買物件、不要抽大麻？

你們當然有教。或者說，你們試著要教。雖然你可以隔天再檢視自己教了他們什麼（然後今天晚上想一想你說那些事的方法），可是，你頭一個要應付的，是犯了錯的孩子站在你面前的那一刻——那一刻，真的很難面對。當然了，那些發生在超市、停車場、還有餐桌上的每一個管教時刻，感覺也都不好啊！

對於「管教」這個難題，親職專家肯尼斯．金斯伯格（Kenneth Ginsburg）說：「管教（discipline），不是懲罰、控制、更不是傷害，而是用一種愛的方式教導、引導。這個字的字根是『學徒』（disciple）。一旦你了解你的角色就是一位老師，那麼，一切都會有所改變。」雖然那些讓人憂懼的時刻還是會出現，但他主張，大部分的管教其實就是以身作則。「不是拿走什麼、不是懲罰，而是引導孩子於人世之中安然前行。」

換句話說，如果你把管教想成一座冰山，我們不喜歡的那些管教場面，只是突出於水面上的百分之十而已。我們痛恨為了強制執行而懲罰孩子，但是，為了教孩子在家、在社會上如何做人，我們所做的那百分之九十，才是真正的重點。同樣地，那突出於水面、冷峻的百分之十，也是靠底下的那百分之九十才有了力量。假如我們能改變自己對那百分之十的說法，把那管教視為一大整體的一部分，那麼，我們就會比較自在。

金斯伯格醫師認為，改變我們對於管教議題的看待方式和討論，就是改善我們整個做法的關鍵。「**我們要改變文化上的那套說詞與個人對管教的說法，**」我們常把孩子沒有符合你我要求的那一刻視為徵兆，象徵著我們平常的做法已然失效。但這就是我們的失職，因為不管是學步小娃、少年少女或是青少年，都不一定能頭一回就把事情做好，而且他們不會光聽你講就學會！他們的學習，靠的是探索、挑戰底線、把事情搞砸（犯錯是很正常的）。我們身為父母的職責，並非阻止犯錯，而是幫助孩子明瞭發生了什麼，然後學會怎樣善後，那麼，下一次事情就會順利一些。

出了什麼問題呢？

我們的爸媽，以及他們前幾代的父母，對於孩子的行為舉止應該如何如何，而父母又該如何管教，大多有共識。金斯伯格醫師說，「我們多半是權威式父母養育出來的。那是一種重視規矩、親情溫度較低的管教風格，」他說，但這不表示出發點不是為了愛。「這是我家，你要守我的規矩。」我們的爸媽當中，大部分的人自己大概也都經歷過類似的管教風格。一九五〇、六〇年代中產階級出身的成年人，通常都曾經在家裡和學校裡被板子、皮帶、尺、或是刷子修理過。

雖然權威式管教風格不一定包含體罰，不過，就算不是打屁股，而是讓孩子餓著肚子上床睡覺或不讓他參加某個很想去的活動，也極少有人會質疑爸媽這種懲罰是否必要。因為人們相信，懲罰孩子和減少不良行為之間，是有清楚的關聯性。

但是，對現今大多數家長來說，犯錯和懲罰的之間的簡明關係不再清晰。有人會說，懲罰太嚴厲孩子會跟父母不親，甚至可能影響孩子日後的行為，但他們也不確定管教到哪種分寸才算恰當。因此，當孩子在公共場所哭鬧時，我們若不採取行動，就會感受到四方射來的厭惡目光。反過來，也有人提倡採用「正向管教」，也就是獎賞良好行為、不回應問題行為，但是，當孩子在超市裡的唯一良好行為是沒真的把購物車推倒時，那還真的很難正向獎勵。

除此之外，還有許多原因讓我們覺得管教很難。首先，現代父母所面對的管教狀況，跟我們爸媽所熟悉的完全不一樣。科技是一部分因素，另外還有各種社會變遷：人們交談的方式、在公共場合的行止與打扮、人們和機構對待管教和權威這類問題的方法，也全都不一樣了。不到幾十年前，對老師翻白眼的學生，可能會遭到留校查看，而現在的情況完全不同。管教讓現今的家長感覺更加痛苦，其中一個原因就是：我們比起先前的任何一個世代都更為單打獨鬥。再加上我們對自己超級高標準的要求，這些種種相加起來，你就會覺得自己能力不足了。

「我們想把養育孩子這件事專業化，」《孩子，請聽媽媽說》（*Child, Please: How Mama's Old-School Lessons Helped Me Check Myself Before I Wreck Myself*）的作者伊龍妲・高特・凱文尼斯（Ylonda Gault Caviness）說：「我們覺得，種下什麼因，就應該會得到什麼樣的果。我們做事有條不紊，會用谷歌行事曆、分別安排了跟每一個孩子的親子約會之夜。我們做足了所有的事，只不過，教養並沒有標準套路。」

另一個讓管教更困難的因素，是孩子和青少年的本性。小孩子忘東忘西、衝動行事，還會不斷測試你的底線，逼得你發狂。青少年也一樣，加上他們自由度更高、更多荷爾蒙、更多知識，甚至自制力更低。這讓大人在引導他們步向良好的成長道路時，就會非常困難。

最後一個「為什麼管教很難」的理由，是我們幾乎無法控制什麼時候要祭出管教之法。事情總是在最糟糕的時刻發生。這一個月來你每天上班都忙得要命，同時操煩你父親的健康狀況，然後又擔心為了伴侶的工作，全家可能得搬到偏遠地方，結果孩子偏偏在這時候出問題了。噢，太棒了！

話說回來，我們還是能找到一些非常棒的建議。假如你能坦然面對這個可以說是親職教養工作中最難處理的一個面向，那麼你就會發現，你的滿足感會延伸到幾乎一切教養難題上，因為，所有讓人困擾的問題中（從令人痛苦的早晨例事、可怕的家庭作業，到糟糕的全家旅遊），管教問題都占了一小部分。把這個問題處理好了，其他許多事也都會順利妥當了。

如何處理得更好？

管教，是教導孩子在大環境裡如何立身處事的整體實踐：堅持孩子做完家事是一種管教；完成老師指定的家庭作業，還有在公共場所的行為，都是管教之一。不過對大多數人（特別是把管教列為「最不喜歡的事」的人）來說，我們往往會想到那些很棘手的狀況：你家一個小孩用腳踢你小腿骨的同時，你在電話上聽另一個孩子跟你解釋，朋友的車在高速公路開到沒油了，而且是要去參加你不准他去的演唱會路上。這些就是讓我們措手不及、不知所措的管教時刻，也是平時管教是否有成效的見真章時刻。

對我來說，最困難的一點，就是我得扮演成年人，可是我的孩子根本讓我抓狂啊。在我一邊檢查小寶寶肥嘟嘟的腿上那清楚的齒痕時，他們還能看著我，全然否認自己咬了弟妹。他們會尖叫著說：「不要！我就是不要花生醬！」他們一邊揮舞手臂清楚表達立場，同時把盤子和我手上的三明治都打掉了。我跟他們說該上車出發到學校了喔，他們還是慢條斯理地開始準備自己的午餐。我是人。我會生氣，我會難過，我會沮喪、失望、還會不爽。我可以表達這一切情緒，可是，我也想教育我的孩子們說，怎麼在艱難情況裡駕馭最糟的自己，所以我當然不可以先表現出那些情緒。相反地，我一定要先管教好我自己。沒事，沒事。**沒有什麼事出了錯。**我可以慢慢等氣消了，再有所做為。

如果你的孩子非常幼小，這點真很難做得到，尤其是當孩子的需求意味著我們得不到所需的睡眠、無法做該做的事來照顧自己、或者找不出時間做自己愛做的事。其實這一點在面對較大孩子和青少年時，也同樣不容易做到。一來我們對大孩子的要求比較高、二來他們還會用非常特別的方式惹毛我們。總之，會讓我們很難控制情緒。有時候我們會發現自己可以很容易地對著孩子們用充滿愛心、冷靜、同時堅持的方式執行家規，但我們更常一邊處理內心洶湧的情緒，一邊執行家規。總之，小孩就是有辦法讓你嚐到未曾體會過的暴怒。

每當我跟金斯伯格醫生談這些問題時，他總是維持著那讓人羨慕又忌妒的冷靜態度。他告訴我，其實那些艱難的狀況本來就是會出現。重點不是你家孩子**是否會**做出後果嚴重的事，讓人惱怒、失望。重點是**何時**他們會做出這些事。假如你把那些糟糕透頂的問題，都看成是無法避免的、孩子成長過程中波瀾起伏的一個部分，那麼你就可以深呼吸，放輕鬆；然後，關掉腦海中那個說你是失職父母、說你的孩子跟你一樣以後也會砸鍋的雜音。他說：「孩子犯錯不是洪水猛獸。考試不及格不是洪水猛獸，在店裡偷東西不是洪水猛獸，因未成年喝酒被逮也不是洪水猛獸。」換句話說，就算出現超級危機，可能也不會造成生命危險，所以你不需要立刻發飆，你有時間可以像個大人冷靜地處理眼前的問題，協助孩子從經驗中學習，然後大家一起繼續前進。

聽起來挺不錯的，不是嗎？以下是我學會怎麼達到那種境界的心得。

✓可以回應，但不要情緒反應

在管教孩子的當下，要孩子們學會成熟理性真的很難，連我們成年人可能也都做不好。你孩子需要用長程的步伐邁向成長，才能學會駕馭自己當下短暫的慾望、恐懼、還有情緒，而你應該是帶領他們的那個人。那個坐在超市推車裡尖叫著要買棒棒糖的孩子，並不是真的想要尖叫，他只是想當一個快樂滿足、有人哄的孩子。同時，我們也不是真的想當那個氣到臉色鐵青、尖吼回去的成年人，我們只是想跟買好的雜貨、快樂的孩子平靜地待在家裡。

我們越無法控制自己對孩子行為的情緒反應，就越可能處理不好孩子。這背後有一套神經科學。神經心理學家瑞克．韓森在《大腦快樂工程》一書中說明了我們大腦的「反應模式」：當我們「對未來即將發生的事感到擔憂或因無能為力而惱怒時，就會以不同的方向拉扯。」處在反應模式下的大腦，不是一個思慮清楚的大腦。「順著血液，腎上腺素和皮質醇會流到全身，而恐懼感、挫折感、還有心痛感會渲染我們的心理，」韓森說：「反應模式會以為有緊急需求，因此，它就不在乎你的長期需求。」大腦這時的壓力回應，比較適合用在逃離花豹的襲擊，而不是用來安撫小孩或你自己。

所以，「如果我們遇到需要管教孩子時，就情緒混亂、想有所反應的話，那就更不可能有效教育孩子。」《全腦教養法》（*The Whole-Brain Child*）作者蒂納．布萊森（Tina Bryson）也說，我們的壓力反應，換來的是激起我們孩子的壓力反應。「當我們生氣、想有所反應、無法預測的時候，我們孩子發育初期的大腦就會收到『威脅』的訊息，而大腦最先在意的就是安全。孩子們感受不到安全的時候，就無法學習。」

在我們所調查的爸媽中，那些花較多時間去懲罰、吼叫，或者仔細核察家中規矩的人（尤其是家有幼兒的家長），對於自己做為父母的角色和表現會比較不滿意。

相對於上述的「反應模式」（reactive mode），另一個模式是「回應模式」（responsive mode），在回應模式當中，我們的大腦並未感覺安全感、滿足感、或者關係有受到威脅，因此就能維持在安心的狀態下，即使碰到難題也一樣。為了避免我們的腦子突然進入反應模式，我們要做的就是不再把孩子的壞行為看成是對自己的威脅。如果你能專注於管教的「教」（占了九成）那你就比較容易泰然自若地度過那些相對困難的時刻。畢竟，此時自己所要回應的，並不是某種非贏即輸的終極教養試煉。

話說回來，要記得這些，有時並不容易啊。特別是碰上了來得突然、感覺很嚴重、而且又來得不是時候的教養危機，我們可能就會啟動「反應模式」。那麼，在我們把自己和孩子都扯進韓森醫生口中的這個「危險區」之前，可以做什麼來將自己拉出來呢？首先，可以把那些感覺一一標明出來：「輕柔地，在你心中說出感受到的情緒：我很生氣、很不知所措、我想打那個孩子，我想尖叫。」盡可能不帶任何感情地把你感受到的情緒說出來。然後呢，他說，替自己爭取一點時間。「當我們走動和說話太快的時候，就會犯錯。所以你要暫停，速度放慢，想像自己在一道玻璃牆的外面觀察裡頭的一切，或者，想像角落架了一臺攝影機，正在錄下這一切以便待會要播放。」

盡你所能地讓你的身體冷靜下來。「吐氣，」他說。「這麼做會啟動副交感神經系統。眼神望向水平線，這會讓大腦裡的迴路做全盤的統整。」最重要的是要提醒你自己，你很安全。**沒有什麼事出了錯**。你並不是在否認這個狀況的存在。你只是在幫助自己：讓情況冷靜下來。「我們總是太快就替孩子或伴侶擔心害怕，總是直接作結論『一切都要完蛋了』。」他說，「所以，你要冷靜一下，提醒自己，你眼前這件事真正可能的結果是什麼。你又沒有生病，沒人會死，你不會破產，沒有末期病症。」基本上呢，一切都還好。

這個過程慢慢來就好。叫孩子回房間思過，讓年紀大一點的孩子或你的伴侶跟他待在一起，等你準備好了再給他回應——而不是反應。但萬一，你在思緒還沒整理好之前就做出反應，那麼你也要原諒自己。**你不必每次都做對**。如果有必要，你可以稍後提出有所助益的回應；但如果沒這個必要，就讓事情平息就好。

✓我們實際上要做的是什麼？

雖然你冷靜了，但並不意味著，等你準備好可以做出回應時，便萬事ＯＫ。許多最難處理的教養兩難，本質上就是無法預測、形式多變、還依情況而定。你家孩子鬧脾氣，不單只因為他吵著要餅乾，問題在於你答應過他明天扁桃腺開刀前要給他買餅乾，可是現在這家糕餅店只剩花生醬餅乾，正巧在你家作客的姪子對花生過敏，所以你不能買；家裡有孩子打了另一個孩子，雖然你只看到打人這件事，你也明白事出有因；孩子被逮到去參加有酒精飲料的派對，可是他明天要搭機跟他們辯論隊去參加全國冠軍比賽……。雖然你教導孩子的原則好像都很清楚（不可以發脾氣、不可以打人、不可以喝酒），不過，發生的狀況卻從來不是黑白分明那麼簡單。

當我跟金斯伯格醫生抱怨管教很難，因為不知道何時該做什麼。我以為他會熱切地同理我的感受（因為他自己也有小孩，他真的了解教養的難題，而且他一向都很熱心），可是，他卻立刻糾正了我。「不是的，」他說，「我們知道該做什麼，最起碼我們曉得父母應該像什麼樣。」他指出，多年來研究人員歸納出四種教養風格：第一種是大部分人都經歷過的那種「專制威權型」（規範要求高／親情溫度低）；第二種是「寬鬆放任型」（有親情溫度高／規範要求低，父母親比較像朋友）；第三種是「忽視冷漠型型」的家長（他們相信「小孩子終究就是小孩子」，而且會自尋出路）；最後一種是權衡得宜的「開明權威型」家長，在他們身上，我們看到規範和親情溫度的理想匹配，同時，在安全和道德相關的議題上，他們會給孩子嚴格的底線，而在其他的事情上，他們則會提供孩子愛心與支持齊備的指導。

照他這麼說，或許管教沒有以一應全的固定做法，卻有正確的態度。那些比較快樂的父母，在碰到幼兒的管教問題時都傾向以身作則，介入孩子及其朋友間的爭執、演示如何傾聽和解決問題，示範家事要如何完成，或者，密切注意孩子是否有嚴守螢幕時間的規範；不過，隨著小孩長大，那些父母就會退後一步讓孩子們有機會展現他們自己的自制，如果狀況不佳時再進一步從旁協助，但目的只是為了幾個星期或數個月之後，他們可以再退居幕後。金斯伯格醫生指出這種宛如雙人舞般進進退退的管教方式，有一大優點：如果爸媽在必要時會拿出權威而其餘時間給予支持協助，那孩子們憂鬱焦慮的程度會比較低，使用毒品的比例也比較低；他們發生車禍的機率會降低一半；嘗試性行為的時間也會比較晚。

誠然，不管金斯伯格醫生說什麼，光曉得**態度要如何**可不保證狀況發生時你知道該做什麼。這就是權衡得宜的家長所面臨的兩難：我們一定要有彈性但堅守立場。雖然我們需要考量各種情況還有自己孩子的個性，但這樣的考量不能破壞安全、道德、必須讓孩子把我們當成懵懂世界裡那道引路亮光的信任。因此，孩子進行可怕手術的前一晚在糕餅店耍脾氣這件事情，也許值得你讓步來安撫他；還有，這次或許就饒了那個打人的孩子一馬；而要參加辯論錦標的那個孩子也許不必讓隊友們失望，只不過，他可能需要為自己找個同行監護人。

一旦你能不急不徐地進入回應模式，那麼，你也就更有辦法做到那種權衡得宜的教養風格，可以決定什麼情況才真的需要你緊迫盯人，而什麼情況不需要。就算你很生氣、很失望的時候，你也會有能力展現慈愛。你會仔細考量接下來應該要怎麼辦，而且，對於你自己採取的行動，你會比較滿意（雖然你家孩子可能不這麼想）。

✓面對幼兒：因果關聯、教導、執行、重複

通常，如果家長自覺管教有用的話，那麼在碰上管教相關問題時他們就會比較開心滿足，就算處在最難處理的時刻也一樣。隨便問一些這樣的家長，請他們提供管教的建議，最常聽到的答案之一大概就是：千萬不要用你做不到的後果作為要脅。我們很強調「後果」這個字跟概念，不過那是什麼意思？

「美國小兒科醫學學會」（The American Academy of Pediatrics）表示，有效的管教包含三個部分：（一）一般狀況下正向且具有支持性的親子關係；（二）教育孩子在任何情況下該做什麼正確決定的方法；（三）阻止你不想要之行為再次發生的一套計畫。而第三個部分（套用我先前的比喻，就是冰山的百分之十）最讓我們頭痛，不只是因為我們不喜歡，往往還因為我們覺得自己不知道該怎麼執行。

在某些情況下，我們可以任由情況自然發展（剛剛把自己的餅乾丟出去的孩子，現在就沒餅乾可吃了）。只不過，我們對孩子的期待與要求很多，那些「自然會產生的後果」若不是好久以後才產生，就會搞得大人比孩子更痛苦。尤其當我們的孩子還很小、從他們角度看來，我們希望阻止的很多行為其實很有趣的時候（追逐貓咪、在餐廳裡用吸管吐水等等）。我們叫他們不要那

樣，而他們不聽。現在怎麼辦？

《讓小小孩聽懂你意思的說話術》作者喬安納．妃博說，當家長藉助「威脅、警告、命令」的時候，對小小孩來說，「聽起來就像查理．布朗的爸媽說話那樣：哇哇哇哇哇。[7]」如果我們緊接著給予懲罰（「你不再停的話，今天晚上就不給你看電視！」），那就是把自己和孩子放在截然不同的兩邊陣營：他只會想到自己的感受，還有你對他做的事，而不是你希望教導他的行為。對很多爸媽來說，那可不是什麼開心的處境，特別是當情況最後演變成情緒失控時，而且，常常如此。

那麼，妃博的建議是什麼呢？

試著在情況一開始出錯的時候，就插手介入，同時建立行為與結果的因果關聯。追逐貓咪或對人噴水很好玩，不過，讓我來說明這樣對貓咪或餐廳裡的其他顧客來說並不好玩的原因。「責備、掌摑、或是叫孩子停下手邊所有的事情思過，在當下許能夠制止他，但是呢，你人在現場並不只是為了要在當下阻止他而已。」你人在場的目的，她說，是教導你的小孩為他自己做正確的選擇，因此，先給他那樣的機會，即使你覺得他早就應該有能力判斷了也一樣。有些

7 譯注：卡通《史奴比》（*Snoopy*）當中，老師或家長的配音都沒有使用真正的語彙，而是哇哇哇的聲音。

事情，就是需要一直講一直講。

假如他無法做出那樣的選擇，那你就替他做：「你現在一定很想追那隻貓咪，所以我要把牠關進我的房間。」「要你抗拒拿吸管用水噴人，實在太難了，所以我們要把吸管還給女服務生。」「我知道我說過比賽之後我們出來吃午飯，不過我現在不想那麼做了，我們走。」

她說，這些後果，跟你過去已經加到孩子身上過的任何懲罰，看起來可能大同小異，但是使用這樣的話語（表現你了解自己孩子感受、同時也表達你自己感受），能讓你比較容易保持冷靜，也讓孩子有機會道歉與修正過錯（就算你正好在移動貓咪或取走吸管，甚或離開餐廳也可以）。或許你沒辦法冷靜，或許你得不到一句「對不起」，或許他們會嘟囔抱怨、尖叫啼哭，而且沒有完滿收場，但是，他們聽到你說的話了。慢慢地，他們會把行為跟你的回應連接起來。這都是過程之一，而且，我幾乎可以保證，你還會有下一次的機會。

這一連串把行為、結果和教導作了連結，必要時話阻止某行為再次發生的步驟，是你會一再重複的，特別當你有小小孩的時候，因此，你要讓自己說出正向的話語，即便孩子的行為一點也不正向。妃博說，「如果我必須說一百遍，那不如說些我希望孩子學會的事。」因此，要說「輕輕摸貓咪」，而不是「壞小子！不要追逐貓咪！」我們想要教育我們的孩子，而不是給他們貼上標籤，讓他們認為自己就是那樣了。在孩子的童年過程中用各種方式重複說數千遍

「請把你的碗放進洗碗機裡面」，也好過對他說「你真是個邋遢鬼」。

我們很多人就是栽在「重複」這件事上。貫徹很難，尤其當你我已經如此習慣這個世界必須「一按就有反應」時，為什麼我叫你把吃完穀片的碗放進洗碗機裡面要講六次，還要跟你說不照做我就要扣零用錢呢？而你又為什麼不會連湯匙一起拿去洗碗機？還有，**為什麼**我們明天還要重複一模一樣的對話？

因為管教就是那樣，而你我越快接納這個觀念，就越快能回歸快樂滿意的生活。

大多數父母的期待太高了，布萊森說：「小孩**有辦法**做好某件事（好比控制生氣情緒，還有處理失望的情緒）不表示他有辦法一直都做到啊。」那些看起來的復萌故態，真的讓人很惱火。當我們覺得孩子令人失望時，就會觸發我們身為父母的恐懼，擔心這跟我們孩子的人格有關，「事實上，這是因為他們的大腦還在發展、所以他們還無法完全串接出某種技巧或能力。」

當我們接受了，管教是一個長期的教育過程，事情就比較簡單了。與其認為「**我要求他做這個，已經講了幾百遍了，他還是不照做**」，那些比較快樂滿足的家長們，大概會像這樣想：「**我已經要求他上百次了，我還要再講一百次，如此我們才能達成目的。**」

「我最大的孩子十八歲了，」伊隆達·凱維尼斯說，「一直到她快滿十八歲前幾天，我才開始發現，噢，她把我的話聽進去了。」突然之間，她的女兒會準備好準時出門，或是把髒衣服放進洗衣機。「有好多好多事，我原本以為，我都講過一百萬次了，反正也沒有用。」但其實是有起作用的。

就像《爸媽放輕鬆》（*Ignore It!: How Selectively Looking the Other Way Can Decrease Behavioral Problems and Increase Parenting Satisfaction*）的作者凱瑟琳．波爾曼（Catherine Pearlman）說的，試著不要讓哭鬧、抱怨、還有充滿恨意的吼叫搞得你心煩意亂。「那麼一來，你就會知道有效。」

✓成長中的孩子：也許你什麼都不用做

隨著孩子年紀漸長，他們行為所造成的後果，可能真的會往他們的痛處咬。就算不是發生像被逮捕或被退學那麼嚴重的事，但在球隊練習遲到、對師長無禮、沒繳交家庭作業的結果，也可能讓你家孩子失去了球隊先發球員的位子、沒被同學選為學校親善大使、或是喪失了升到英文資優班的機會。你會覺得遺憾，但是千萬不要試著亡羊補牢，就算你願意協助孩子想想該怎麼自救也一樣。

面對小小孩，「什麼也不做」也可以是名符其實的管教策略。我們大部分人都曉得：對你不想要的行為投以關注，只會加強那樣的行為（我打了我妹妹，結果你猜怎麼著！爸爸現在坐在我的房裡，**他只跟我說話呢！**）對於很多鬧脾氣或對做家事時唉唉叫這樣的小事，最好的應對就是別理會。如果你練會此道，那麼，這就是真的能讓你變快樂一點的策略。**就算你目睹了什麼，也不一定要有所回應。**有時候你家孩子只是要惹人討厭而已，你可以選擇不要受到影響。

波爾曼清楚說明了這一招的運作方法。在我們對談當中，她舉了孩子鬧小彆扭的例子。「先裝沒看見，」她說，「你就在廚房流理臺翻閱購物型錄。把所有的注意力都集中在型錄上，就算很難還是要繼續。同時，你也要豎起耳朵聽，因為孩子一停止耍脾氣，你要馬上回神——關注其他的事。你就是要表現得若無其事，好像沒有人鬧彆扭。」接下來，若有必要的話，你要「修補」——孩子鬧脾氣的時候，你要轉移話題和注意力；如果當下你覺得自己原先若用不同方式處理就不會導致孩子鬧脾氣的話，那你就道歉；或者，假如你孩子的行為特別糟糕，那就誘使他道歉。不過呢，通常你只要裝作沒事（特別是碰到像孩子嘟囔著不想做家事的時候）。

也有些時候，你覺得孩子應該要停止他正在做的事，例如：發出重複的聲音干擾兄弟姊妹、在廚房裡單腳繞圈圈跳、一直不斷地開關櫥櫃的門、或者有些像抖腳或用手捲頭髮這類無害的成癮動作。你真的不用執著在這類的事情上。「孩子做了什麼，不表示你就得對他的行為有所處置。」波爾曼說。

這或許一開始的時候很難，不過，當你習慣之後，對自己的快樂會大有助益。我家被指派要餵狗的孩子把飼料碗憤而摔在廚房流理臺的時候，我就這麼告訴自己。**我不需要凡事都有什麼回應**，家事要有人做、螢幕時間該結束就要結束、上床時間到了孩子就得睡覺……等，這些，我都辦到了。至於其他的都只是小干擾而已。

✓那麼大小孩呢？

管教的核心並不是嚴格執行規矩，而是教導孩子管教他自己——靠著自己內化、接受來遵循那些規矩。管教不只是用來創造一個更幸福和諧的家庭生活，或者要孩子幫忙家裡的工作；管教是用來教育孩子怎麼在世界上當一個成年人。在這個世界裡，我們可不會拿辦公桌塑膠小物打同事來討回訂書機，而且在這個世界裡，我們的伴侶會期待我們分擔家事，把髒碗盤放進洗碗機裡。我們之所以管教孩子，是為了讓他們在三十五歲時能準時到達該去的地方、保住工作、養育自己的家庭。

因此，隨著孩子長大，我們就需要放手，不要時時監督（雖然你可以重複要求他們把自己的碗盤放進洗碗機裡，一直講到有效為止）。從小事下手，例如讓他們自己收拾學校和運動用的背包，也讓他們自己去面對、處理忘記帶東西或弄丟東西的後果，然後擴大，例如讓年紀大一點的孩子自己待在家裡、放心地把網際網路的密碼交給他們、或要求他們在沒人看管的時候也要遵守家裡的規範。如果他們小時候曾在許多小挑戰上犯錯，並體會過你的失望、喪失過特別待遇或使用某些裝置的機會，他們就會嚐到搞砸事情的滋味如何，以及努力去重新贏得你的信任又是何等感受。這些種種，都會替往後較大型的挑戰打下基礎：讓已經有能力做任何事的青少年，帶著自己手機以及自己辛苦掙來的錢，開車出去。

你會希望多年來積累的教導，會協助他維護自己安全，同時，不要誤入歧途。

有的時候，不管你多努力想「做好做對」，小孩就是不聽話。而你甚至不見得都會知道。在一項規模較小的研究裡，八成多的高中生和年輕的大學生表示，過去一年中，他們曾經在朋友、金錢、派對、飲酒／毒品使用、約會對象／約會、或性行為各方面，對爸媽撒過謊。這些恰恰就是我們擔心自己孩子會陷入的情況。那個統計數據真的很嚇人，尤其要是你想想他們的謊言所掩蓋的大量風險行為時，更是如此。

隨著孩子長大，我們所擔心的「行為自然導致後果」真的成真時（例如喝酒開車或未防護的性行為可能會帶來的後果），可能會改變他們的人生。在學校裡或活動場上的小失敗所帶來的自然後果，也可能在真實世界有所影響。我們往往用「重大」後果作為要脅、嚇唬我們的孩子，讓他們遠離你我無法控制的嚴重結果。

當你的女兒因為未成年飲酒被警察逮捕，或者兒子考試作弊被抓到，就在你想著再過幾個月或幾年他們就要離家上大學、往後得全靠他們自己處理生活大小事的時候發生，那麼，你會很生氣，接著很震驚，然後很擔心。你要怎麼讓他們安然度過外面世界會加諸他們身上的後果呢？你可以做些什麼來傳達你自身的失望，讓他曉得你對於已經發生的事無法忍受呢？

根據金斯伯格醫師的說法，你接下來要做的，就是你會對一個嚴重破壞家規的小孩做的事。唯一差別在於，你能得知這個方法是否奏效的時間，會比較短。

「**嚴重搞砸的其中一個後果就是，你的孩子會失去你的信任，**」他說，而失去信任本身就會帶來後果。你的孩子可能會喪失使用車子或家裡無線網路的許可。他可能需要回到鉅細靡遺向你報告他人在哪、行蹤時程、同時得接受你會用以前不曾用過的方式調查他有無據實以報。你想花多少時間恢復他被沒收的特殊待遇，就可以花多少時間。你們可以討論發生了什麼、孩子為什麼會受到誘惑、他是怎麼做出那個錯誤決定的、他事發後的感受如何、還有要怎麼防止事件再次重演。你們還可以討論一步步恢復的信任（重新有使用螢幕裝置的特殊待遇、沒有旁人監督之下可以使用裝置、最後得以取得新的密碼）。

碰到年紀大一點的孩子，你可能必須快一點恢復他們的特殊待遇，以便你能再次評估那個孩子是否準備好在大學環境中能夠獨立照顧自己。你們也應該要有同樣的對話與討論，只不過時間範圍必須比較短，因為你們雙方都需要看看孩子離家獨立前有沒有能力可以做得更好。

至於外部的後果（被逮捕、作弊、或是花一大筆錢在某些非常虛擬的商品上），金斯伯格醫生表示，支持孩子承擔度過那些後果、協助孩子為自己的權益發聲、盡一切所能減輕這些後果的長期或甚至永久性影響……這些就是父母親的角色，但也不要把孩子大小事全攬在自己身上。

當你的孩子犯了感覺上很重大的錯誤時，你可能會感到很不快樂。你會覺得那是壓力重負；你對自己的孩子會感到失望。**孩子不開心的時候，你還是可以很快樂**，這點會很難做到。不過，你可以回過頭想想最基本的事。你和孩子還有其他的家人都穩妥安當。人生的教訓，終歸有一天要來自於人生吧。

有一名住在德拉瓦州的母親，她聲稱自己女兒在剛進入青春期時試圖輕生過幾次（是憂鬱和神經問題所造成的），她描述了那個經歷如何改變她對管教的看法。「當你的孩子處在那樣狀況時，你就真的得想想，需要爭執的重大事情是什麼。」她說。對某些孩子而言，真實世界給的後果，會讓孩子很焦慮，而且可能招架不住。若再加上家長所給的壓力，脆弱的孩子可能會崩潰。這位母親選擇辭職在家當一個全心支持孩子的母親。「他們曉得，」她說，「『如果我沒做功課，就會被媽媽大吼；我還會拿到很差的成績，那對我會有所影響。』要怎麼辦，他們自己決定。」

如果你擔心自己的孩子因為父母與外在的雙重壓力，會過度焦慮的話，那麼，你或許需要專業的協助，以找出合適的管教權衡——因為，無論事情看起來有多麼亂了套，把要求降到零絕對不是正確做法。你應該傳達給孩子（你未來的成年孩子）的訊息，一定要是：「**我知道你做得到，我會幫你了解這一點，直到你也知道自己做得到為止。**」

給爸媽的提醒

當我碰上似乎必須由我出面管教的時刻，而且感覺自己會面臨考驗時，有一些能搞定問題的提醒很有用。當我不知所措時、當我需要有所回應而不是有所反應時、或是我必須懲處孩子、或是要不斷重複自己說的話時，我會跟自己說一些以下的話：

不要介入。我的女兒們會不假思索地告訴你，她們是情緒很極端的人。連我兒子們偶爾也會怒吼叫嚷。所以當我們家孩子用力跺步、生氣、沮喪、宣洩情緒的時候（往往會還加贈一句「我恨你！」），我就會提醒我自己，不要介入。**你不需要進入他人情緒裡。**那是她的情緒、她的問題、她的發洩時間。有時候背後的裡由甚至還很正當。但那也不表示我必須加入。

不要記仇。這一點對我來說，真的、真的很難。我可以發好幾天的牢騷，而且特別是真的怨嘆的那種牢騷，話說回來，誰不會被一個剛贏了曲棍球錦標賽還鬧脾氣的孩子惹火呢？或者，當有人一直不理睬我的要求，不肯將咖啡杯從車門杯座上拿下來，結果當車門一關上，咖啡灑得車裡到處都是，搞得接下來三個月車裡聞起來都像香草咖啡時，誰會不生氣？那些事情會讓我生氣得理直氣壯，很難記住自己不僅僅要當個成年人，也得當個父母，當一個讓孩子犯錯、不管怎樣都愛孩子、不會一直重提孩子難堪事的爸媽。

不要吼回去。有時我會對孩子大吼。我是在一個滿屋子人都會吼人的家庭長大的。如果我收到老師的通知，又急又氣的時候，我會找上孩子，對著孩子大吼。但我自己正在想辦法改善，因為我已經領悟，吼叫並不會讓我比較快樂。我距離完全不吼叫的那種個人禪修境界，還差得遠。不過，以下是我做得到的：如果孩子對我大吼，我幾乎從不吼回去。要是我生氣大吼，那就是告訴孩子事情有多嚴重了。這會讓孩子趕快動作。話說回來，要是孩子大吼，而我吼了回去，那麼我就會被扯進了孩子的小題大作之中。那可絕對不會讓我開心的。

事後不要有所懷疑。一旦一時的盛怒過去了，我們可能會很想減輕過重的懲罰（例如兩週不能用手機）。這是非常糟糕的想法。當你在給予懲罰時，要小心選擇懲罰的方式，接著嚴格執行。頭幾次態度堅定，就意味著之後小孩比較不會哀求，而且，你執行懲罰時也會比較輕鬆。**一旦決定要做什麼，就做吧。**

不要把孩子拒之在外。這一點也跟不要記仇有關。如果小孩出了什麼大錯，你要做的，應該是拉近孩子跟你的距離。這實在很難。雖然我們盡量不要認為孩子的犯錯是衝著你我而來的，不過，當他們搞砸時，我們還是很生氣失望。

但等我們平靜下來，就應該重新和孩子建立聯繫。說到這個，禁足有一個很大優點：禁足會讓孩子待在家裡，受你的庇護（雖然有時候你會意識到，連你自己也禁足了）。有位家長在她兒子高三快結束前才發現，兒子不只那一整個學期的數學作業都沒做，還打算暑假和朋友出遊時把大麻夾帶回來。她氣得取消了兒子計畫已久的出遊，在她自己的書桌旁安排了一個座位給兒子，而且整個暑假就在她的監督之下，要兒子把整學期的數學做過一遍。他們通過這次親子考驗之後，關係大為改變，而且她的孩子還說，多虧了這樣，他才變成有能力上大學的人。

樂在其中也沒關係。假如你非得懲罰自己的孩子，或許，可以乾脆看看懲罰的有趣面，尤其當孩子還小的時候。我第一次罰家裡其中一個孩子禁足的時候，對於她因而錯過的事，我的遺憾幾乎不亞於她的。三年之後，當我罰她弟弟禁足時，我已經有辦法壓抑那些情緒，甚至還打電話給好友（我家小孩死黨的媽媽）拜託她邀請我家孩子到她家過夜，好讓我不准他去。「我希望他感受到那樣的感覺。」我這麼說，而他也真的感受到了。幾週之後，換我幫那個好友做同樣的事。

並肩一起勞動。當懲罰過後，一切又恢復常態（或是改良過的常態），就把那個孩子叫來，讓他勞動：去花園準備栽種的工作、清空地下室的某個區塊、烤布朗尼蛋糕。這不是懲罰，而是一種方法，讓孩子將自己重新扎根於大家同在一條船上的工作之中。結合你們的努力完成一個共同的目標，可以恢復你們家的平衡，而且也提醒你和孩子，你們是同舟共濟的。「孩子絕對想做對的事，」金斯伯格醫生在總結我們的討論時說：「他們期待我們讓他們明白、同時告訴他們，什麼才安全、什麼才正確。」事情順利的時候，還有事情出錯的時候，他們都想要、也都需要我們的指導，以及我們的愛與支持。這一切都是「管教」，而且，管教可以，真的可以，讓你們大家都快樂一點。

第8章

餵孩子吃飯有那麼難？

做菜和飲食喜好是很兩極化的。有人熱愛做菜，也有人痛恨做菜；有人喜愛美食，有人不怎麼熱衷吃。不管你習慣每天晚上都吃大同小異的基本餐食，或是願意花好幾個鐘頭烹調法式焗龍蝦都好。不過，有了孩子後，你可能會開始想像三餐「應該」要有的樣子。可是，一旦「應該」這個詞出現，「樂趣」往往也就退場了。

我是屬於「熱愛做菜也喜歡吃」的那一種，然而，就算是我，也會覺得要持續不斷餵好我家四個孩子，實在是非常吃重的工作：採買、料理、餵他們吃、餐後清理。雖然孩子長大以後有能力幫忙了，但是，我們現在講的是在那之前的幾千頓餐食啊。真的是**幾千頓**，千真萬確。回想起來，我就覺得應該把廚房擦碗巾當白旗舉，直接投降放棄寫這一章了，因為，這怎麼可能有樂趣？

不過，在所有家庭生活的任務中，這個主題是我最有感的。我在家庭中找到喜悅的方法之一，就是做菜、吃飯、一起分享餐食。對我來說，這真的很重要。說到能把大家全聚攏一起，而且大家共同想著同一件事的時候，也就是晚餐時間了。

觀察中產階級家庭內互動的研究員發現，所有的家庭成員可能同時在家的時間都集中在一大清早跟傍晚，還有晚上。當我們全都在家的時候，最有可能聚集的場所是廚房和餐廳，而且，我們會花最多時間在一起的，就是一起吃飯。換句話說，要是家庭聚餐不開心，那麼，家庭美滿的成功率就不會太高。

我是那種認為一起吃飯很重要的人，這是一個不該被外在壓力犧牲掉的人類儀式。研究人員發現一起用餐（尤其是晚餐）對孩子有一連串好處：他們的字彙能力會比較強、成績會比較好、使用毒品與酒精的可能性會降低、會感受更強烈的家庭連結。在我自己的調查研究中也發現了，一家人經常共餐、而且餐點選擇內容把大家想要的都納入考量，是讓生活有較大滿意度的因素之一。

就算沒有這些調查研究，我們也很容易理解，共餐這件事對於家長和孩子都有重大價值。透過一起吃飯，孩子會慢慢吸收我們是什麼樣的人、吃東西的方式、坐的方式、彼此說話的方式、食物和我們的生活等等，這些充滿影響力的記憶是累積的；這樣的儀式，會逐步演化。當你家孩子到別人家吃飯時，他們也會比較別家的儀式和要求，而當他們的朋友到你家來吃飯時，你會從他們在你家用餐時的行為與回應，窺見他們對用餐的期待，並反映出他們家庭的價值觀。

既然如此，共餐會有什麼問題？

家裡三餐的問題有兩個層面。首先，我們會擔心自己孩子吃些什麼：他們吃的東西對他們好不好啦、是不是垃圾食物等等。再者，我們還會擔心運作機制：採買食物、付款、儲藏食物、準備餐食、吃完後的善後工作……等等的。女性尤其會感到壓力，在有限時間和預算之內準備三餐，要符合外界的「健康」與「家裡自己做的」這類標準，同時，小孩和伴侶對這樣的餐食若興趣缺缺，女性可能還會覺得沮喪難過。

而那些覺得自己在廚房裡能力不足的家長，可能覺得負擔更加沉重。根據問卷調查，有百分之二十八的人覺得自己這方面不行。另外，還有一個弔詭的現象：當我們準備餐食的方式越簡便，我們就會對自己餵養家人的表現越不滿意。簡便，可能表示便宜，或者很健康，卻往往不是大家愛吃的。這意味我們陷入兩難：家人飲食的滿意度和準備餐食端上餐桌的困難度，實際上可能會互相衝突。

這時，你該怎麼做到讓自己快樂一點呢？要訣就是要把重點放在我們的大目標上：好好享受共同用餐的經驗和彼此的陪伴。每個家庭在達到這些目的的方式各有不同，就連我自己也可能根據狀況而有所不同。

以下要談的這些策略，有的或許能幫助你解決某件棘手的問題；而有的策略，並沒辦法適用於你現在的狀況。那麼，你並不需要去要求自己打理出某種想像中的理想餐點，而是在你的有限能力底下，根據現實完成你家的三餐。

改變的正確態度

要讓家庭開心聚餐的第一步，就是你要真心希望擁有開心的家庭聚餐。要是你把整件事情看成一件苦差事，那你就是把一件原本可以構成你們家人快樂時光的好東西，丟進了「非做不可」的桶子裡。晚餐時間，是我們可以好好滋養自己家人的時間。人氣美食部落格作家、同時也是《愛．晚餐》（*Dinner: A Love Story*）一書的作者珍妮．羅森思崔琪（Jenny Rosenstrach）說：「這是一天當中，我跟自己孩子能進行有意義對話的唯一時間。我們總是說，餐桌是安全的地方，而我認為這是真的。」在羅森思崔琪的家裡，晚餐是最重要的事，也因此，他們大多會一起共度那個時光。

「這並不是說我家每天晚上都情感交融地共享燭光晚餐，」羅森思崔琪說，那只不過是頓晚餐，不過，正因為白天每個人都各自忙碌，所以她非常喜歡有一個大家會相聚的時光。就算是一邊做著烤起士三明治，一邊爭吵著最後一半的三明治要給誰，那依然算家庭時間。它不需要完美，只要大家都在，也就足夠了。

準備與規劃

每天的每一餐，總是要有人想辦法搞定，包括：食物從何而來？誰要負責料理？對我們許多人來說，這就意味著規劃。

如果你們跟大部分家庭一樣的話，那麼，早餐和午餐是相對簡便的兩餐。而晚餐就不同了。這是我們大多數人會希望自己煮、營養均衡、還要大夥兒坐在一起吃的一餐。這可是餐食裡的大聯盟呢。

下面的這些話，是未來的你所寫來的信——就是那個再過幾分鐘或幾個小時之後會開始盯著時鐘的你：

給過去那個我：

救命啊！又到晚餐時間了（我們昨天不是才剛吃過晚餐嘛？），大家都一直在問晚上要吃什麼，而我根本一點頭緒也沒有。我一整天下來都在決定東決定西，像個充分發揮功能的成年人，但我現在完蛋了——你就不能幫我收拾這個殘局？你不能規劃一下，買一堆可以用來當晚餐的東西？要是你昨晚和前晚沒有叫外帶、我現在就可以叫外賣了，因為我今天一整天已經夠忙了。家裡還有什麼東西嗎？我知道你很討厭去想這些事。但是呢，你要相信，此刻的我更不願意去想這些。我只是希望有人可以告訴我要怎麼辦，我會照做。

晚餐時間滿懷希望的我

我是一個上班（課）日會非常堅持規劃三餐的人，尤其是冰上曲棍球球季期間，我家有四個孩子在打球，下午和晚上，就是接孩子、送孩子、以及精準拿捏交通往返的時刻。每個星期天，我會詳細安排好接下來的一整週裡，哪幾個人、哪幾個晚上會在家裡一起吃晚餐？那幾個晚上要準備大家輪著吃晚餐？我什麼時候會回到家做飯？哪幾個白天可以用來採買食材？還有，什麼時候需要做那種從我一進門起算五分鐘內就可以上桌的晚餐？或是讓孩子自己搞定的晚餐？什麼時候我就是不想做飯？（週五，屢試不爽）

其實我對自己要求不高。有幾天我的規劃內容只不過就是把超市買的料理包放進烤箱，然後切幾片麵包；或者，早上七點出門前把冷凍肉丸子和一罐醬料丟進慢燉鍋裡然後壓個起動鍵。我會規劃外帶晚餐日。我還會規劃弄個焗烤起司通心麵就好。

就這樣，我就安排就緒了。我晚上唯一要做的事，就是看一下我的規劃列表；我得知道該有的材料我都有、我得曉得我所規劃的內容適用我們的時程、而孩子們也知道晚餐會吃什麼，他們也喜歡這樣。上班日的下午，我會突然小小焦慮一下——**糟糕，晚餐我要煮什麼？**——隨即鬆了口氣。我都安排好了。

我不一定都會照著自己規劃好的晚餐做飯。世事多變。有人生病，那我就把週四要煮的湯移到週二做。因為有人比較晚回家，我們就決定叫外賣。這些都沒關係。一個星期裡，我極少規劃兩次以上「若不煮食材會壞掉」的晚餐，我也很樂意把食材塞回冰箱的冷凍櫃裡。有沒有照著我事前規劃走，其實並不重要。重要的是，我有所規劃。

不過，有些人真的很痛恨被規劃的三餐綁手綁腳。如果你就是那樣的人，那麼，建議你手邊隨時備好食材，讓你在不曉得要做什麼的時候，最起碼有三種餐食可以派上用場，同時，在容易找得到的地方放一張晚餐料理的點子列表，避免當你忙了一整天腦子一片空白不知道怎麼辦。「我超討厭規劃長時間的三餐，」住在新罕夏州的英佳說，「因為我會規劃好一個星期內餐食的量，然後每次的情況都是，到了週四我就不想要自己規劃好的東西了，不然就是有突發事件讓我無法照著規劃走。後來我就想，我不必每天排定要做什麼餐點啊。我可以只規劃好一週餐食的量，也許想想這道晚餐要在某一天做，但可以隨時調整。我這樣做已經好幾年了，這個做法，還是很有效。」

你的規劃不一定非得精心烹調。你可以規劃好晚餐吃醬拌義大利麵、加上一份超市買的袋裝沙拉、或焗烤千層茄子。如果家裡有兩個成年人或年紀大一點的孩子，你的規劃有可能是決定誰要去採買、誰要做菜、以及時間安排為何。住在辛辛那提市、同時也是《籌畫三六五》（*Organize 365*）博客的臺主麗莎．伍卓夫（Lisa Woodruff），雖然她本身是個專業的活動策畫人，但她就是不喜歡規劃三餐。所以她跟她老公不規劃三餐，而是規劃日子。如果那天她老公負責，那就是老公的職責（而且她完全不會對老公的選擇質疑）。如果你知道你的伴侶輪到週二採買東西，而且你的青少年孩子輪到週三做晚餐，那麼，週一由你來準備晚餐，可能就不是那麼嚴重的事。

做你自己。弄清楚哪種程度的規劃會讓你快樂一點，而且不要擔心其他人做了什麼。想想那個未來的自己，那個呆望著冰箱、希望小精靈留了一份砂鍋料理的自己。當你在那樣的處境時，你會希望自己提早準備好什麼？你要做的，就是未來的你希望你做的那些事。

✓採買

我這人不愛逛超市，當孩子還小的時候，我會在週末列出採買清單請我先生去買，等孩子們開始全天上課時，就委託課後輔導的保母一起採買。這樣比較省錢，不會因為一時衝動多買了一堆不需要的食品。

我列在清單上的東西，都是簡便即食的食物：起士片或起士絲、燻肉、貝果、墨西哥捲餅皮、櫻桃番茄、黃瓜、水果、可以輕鬆打成果昔的冷凍水果、起士餡義大利餃、煙燻鮭魚。我也會讓孩子們自己列出想吃的東西，但我會說，不要洋芋片那種盒裝或袋裝的東西。

採買的時候，我會把買東西當成一場遊戲，遊戲規則是只買清單上的東西回家。每當我看到商品走道上的廣告標示時，就會提醒自己，那些都是專門用來誘惑我、說服我扛一箱罐裝鮪魚、或一大桶醬油回家囤積。我才不上當呢。我幾乎不會使用貯放在櫃子裡的罐頭，而且，我的廚房也放不下超大食物。

這並不是說，我家裡沒有垃圾食物——我家有，我們有很多小零嘴跟滿足口慾的零食。但是，只買需要的東西會讓我比較快樂，因為我的櫃子裡會有比較多空間，而且也比較少過期、吃不完食物。幹麼買那麼多？超市一直在那兒。就算碰到暴風雪或颶風，超市也很快就會重新開門營業，而且貨架上又會堆滿了各種口味的奧利歐餅乾以及小金魚香脆餅。

✓料理與上菜

我喜歡吃，意思是我喜歡期待晚餐的感覺。不過，這可不表示我一定要料理晚餐。在撰寫這一章時，有整整一星期內，我就只烹調一道菜——烤球芽甘藍菜。其他時候，我們吃冷凍調理食品、或是叫外賣。有時候，不做飯會讓我比較快樂。

人生當中有些階段，真的要讓廚房大小事簡單就好。即便是號稱自己對家庭晚餐有種病態執著的珍妮．羅森思崔琪（她把自己和家人每天晚餐所吃的東西全寫成日記，歷時超過十九年以上）都說，有時你就是得「降低標準」。「我有全職工作、而且我不希望晚餐時間像打仗一樣，我只希望晚餐是愉快的、大家一起坐下來，能坐多久是多久。」她說：「如果你想要家庭晚餐成為固定時光，你就不要每一晚都費心去做紅酒燉牛膝。」我們真正想要的，是滿意自己吃的東西，同時，有能力在不動怒、不發狂、也不痛苦的情況下，安排好餐食，尤其是忙碌了一整天之後。我很常做菜，而且我家大部分的餐食都是我料理的，不過，我很少傍晚五點半就站在爐灶前工作。

以下有三種策略，能讓你在一天的尾聲，可以更輕鬆簡便地駕馭冰箱到餐桌的這段路（或是從別人的冰箱到你家餐桌這段路）。

✓工作外包

以前，那些即食料理通常是以下兩者：價格便宜但不健康的食物、昂貴但其實自己也做得出來的食物。不過，這種情況正在改變當中。如今，你可以選擇找廚師到你家幫你準備一個星期分量食物、然後留給你烹調步驟說明；或者你可以選擇宅配的調理食物讓你冷藏或冷凍起來。住在西雅圖的莎朗說，她們家每週都跟以前的保母訂一份自家做的義大利麵食晚餐。「三分鐘就可以煮好義大利麵了，我唯一要做的就是熱一熱義大利麵醬。她每週都會做點變化，還會附上資料，說明那道菜的義大利來源。」

住波士頓的凱莉看到了這樣的需求，開始做類似的生意。每週兩次，她會在波士頓幾個小區配送美味鹹派。有兩小孩的莉莉說，自己和老公就靠著凱莉和另一家類似的公司解決每週四到五天的晚餐。「它們真是我們的救星。」她說，「因為我們全職工作很忙，又痛恨做菜，回家還得要照顧兩個三歲半以下的孩子。」莎朗跟莉莉都說，省下來的時間，就值得額外的開銷了——她們都比以前快樂。

你也可以把規劃和採買食物的工作外包給食材配送公司。有的公司要求定期訂購，有些允許顧客偶爾零買、配送一或兩道餐。有些公司配送來的是完整食材，有的則會先幫你清洗切好。這種情況下，你只需要花時間烹調，但不必備料。我注意到，這些配送公司的餐食，需要你在廚房花三十到四十五分鐘烹調。所以我自己比較偏好能事先就準備好餐食，好讓我在吃飯之前可以有更多時間去做些烹飪以外的工作。話說回來，我也有朋友非常喜歡這樣的服務，她會說服伴侶或孩子負責做菜的工作。

✓不用「做菜」，「組合」就好

這裡講的是那種「附一罐義大利麵醬的義大利麵」晚餐，或是用慢煮鍋加熱的雞肉料理、罐頭豆子（我會把罐頭放在慢煮鍋裡的雞肉旁邊）、起士條、還有自助沙拉吧買的「自助墨西哥卷餅」。當然，這樣的食物比較貴，而且「不如你在家用新鮮食材做出來的食品健康，」開設了一門叫做「兒童營養與料理」的超大型線上課程的史丹佛大學食品營養系講師馬雅・亞當（Maya Adam）說：「但問題是：如果不吃這個食物的話，我可能本來會吃的是什麼？和淋了紅蔥油醋的烤開心果藜麥小黃瓜沙拉比起來，烤起士三明治可能沒那麼健康，不過，如果另一個選擇是速食漢堡與薯條，那麼，烤起士三明治當然還是比較好。」

✓有空再做菜，沒空就別做

住在紐約州威斯徹斯特郡的艾倫會趁週六時預先把上班（課）日的晚餐提前完成：「星期六早上七點半到十點半之間，我做了番茄醬汁、義式白醬（給千層麵和義大利起士通心粉這兩種用的）、義大利千層麵、起士通心粉、還有一批乾餅乾麵糰。」她說，「『關鍵』在於週末的時候一次做一批，而且所有東西都做雙份。她花了三個小時，做好了兩份冷藏起來、四份冷凍起來的晚餐（她把一些義式千層麵醬另外冷凍起來），在當中的空檔，還做了餅乾。

我有個朋友跟我會在一年當中互相幫彼此這麼做：我們各自煮好二到三種可以冷凍起來的兩份晚餐，然後交換。我們會事先規劃好雙方家庭都喜歡的食物，免得最後撞菜。有時候我們會訂一個特別日，到其中一人的廚房一起做菜，等回到家時就有四到六個不必做菜的晚上了。這是讓我們兩家人嘗試新口味的絕佳辦法——她比較喜歡墨西哥菜（淋醬捲餅），而我則很常做義大利菜（肉丸子）——也是我倆可以花時間在一起的好法子。

✓上桌嘍

講完採買與料理，接著就是用餐時間了。對於部分家庭來說，讓我們快樂不起來的並不是規劃、採買、或是做菜，而是一旦我們坐下來吃飯後所發生的事。在我自己開始組家庭而且有了小孩之後，隨著我的孩子和朋友們的小孩開始表達他們對於食物的意見（以及某次有客人對著食物搖頭並問說可否找一點穀麥片給她的孩子之後），我決定訂出家規，規範我們家餐桌上發生的事——同時開始教育我們的孩子，等他們長大到人家家裡作客，應該要怎麼表現。

我的孩子當時分別是三歲、四歲、五歲、還有八歲。雖然以下這些規定都不是新的，不過，在那之前並沒有明說：

1. **全家吃一樣的餐食。**我們每天晚上會做全家人吃的晚餐，其中至少會包含一種大家都會吃的東西。你沒得選，而且，晚餐後不能吃零食。
2. **你可以不吃，但你要看。**我們不要求所有人都一定要吃下或嘗試所有的食物，但是，你的盤子裡必須要盛所有的食物。
3. **禁止羞辱食物。**在我家的餐桌上，你可以說：「我不要，謝謝。」「我對那個沒興趣。」還有「那不是我的最愛。」除非有人再詳問下去，不然，那樣回答就好。禁止態度不佳、不可以做鬼臉、絕對不准說「噁心」。

4. **不要有壓力。**他們吃他們要吃的。我們不會擔心，也極少表示意見。**就算你目睹了什麼，也不一定要有所回應。**大家最多可能會說（而且通常出自兄弟姊妹的嘴）「那很好吃喔。你應該試試看。」

5. **食物不是吃了東西後的獎勵。**如果有甜點，而你沒有真的吃晚餐的話，那也沒關係。你還是可以吃冰淇淋。

七年過去，我們的「規定」幾乎沒什麼改變。而且我後來發現，針對吃東西和壓力的相關說法幾乎大同小異。後來我的孩子們長大，我放寬了那個晚餐後不能吃點心的規定，因為可能有的孩子去參加球隊練習之前先吃了晚餐、練完之後需要再吃；或者，青少年那天特別餓，晚餐可能就是不夠吃。

我很喜歡我們的規定。有一次我拿肉餅給我兒子吃（那不是他喜愛的食物），同時表達同情之意，而他回我「沒關係。我不一定要愛這個食物才吃它啊」的時候，我曉得這些規定奏效了。我自己也做了調查研究：孩子如果跟家裡成年人吃同樣餐食往往會比較健康。如果孩子從小觀察爸媽吃水果和蔬菜這類營養豐富的食物，也會增加他們吃那些食物的可能性。當大家同享一餐，孩子跟成年人一起開動、一起吃完，而不是來來去去的——如此就能提供更多對話的機會。在共享家庭餐的文化裡（例如法國和義大利），孩童會培養出更正面的態度面對食物。

中間的兩個規定（食物都要放到餐盤上、不要有壓力）創造出孩子面對食物的改變空間。他們可以在不大驚小怪的情況下嚐嚐看食物。研究顯示，孩子在嘗試食物或喜歡上食物之前，要有人讓他多次接觸那種食物。**所有人都會變，包括孩子，而且特別是孩子……**只要我們提供機會讓他們改變的話。

在所有規矩中我最喜歡那個不可以辱罵食物或廚師的規定。老實說，在我為家人做菜的期間裡，曾端上一些滿可怕的料理，而唯一說「噁心」的人是我自己。那讓我很開心，或者說，最起碼避開了可能會讓我很不開心的情況。如果我可以重新訂一次這個規矩的話，我可能會規定他們每天晚上謝謝煮飯的人。大大感謝對方做了一餐、還協助他們學習該怎麼吃食物。

想對食物與家庭感到滿意快樂，我的辦法，並非唯一的方法。雖然我會誓死捍衛我「不准辱罵食物」的規定（如果你從這一章只學到一點，那麼我會叫你學這一點），但是，關於嘗試新的食物以及對自家人吃的東西感到滿意這方面，還有其他的處理手法。享受做菜、享受吃東西的方法，不只一種，而你不需要找出每個人適用的方法。你只要找到你自己的，那就好了。

✓為不吃飯的小孩做菜

在家庭共餐時，最讓人棘手的就是有孩子挑食、不想吃你做的食物。「挑食」的人，還有那種有飲食限制的家庭成員（出於不同原因而不吃螃蟹、不吃肉類等），都會讓人很難料裡也很難享受家族聚餐。（這跟碰上有過敏症狀的家族成員的挑戰不同，關於這點，我下一節會討論。）

當我們過度在意孩子對嘗試新食物所產生的第一個反應，尤其很小的小孩，那麼，我們可能無意中讓孩子從輕微抗拒變得激烈，造成孩子除了最單純的口味之外，其他一律拒絕的結果。對付小小孩，只要運用簡單的策略，也許就能阻止他挑食的行為，例如：先讓孩子感受到飢餓、然後吃飯的時候給孩子多幾樣健康食物、讓他自己決定要吃什麼。不過，要是孩子對吃已經很有主見（或者對許多食物都決意拒絕的大孩子），該怎麼辦？如果每一頓飯都要求他「吃一口就好」，那麼你這個當爸媽的又怎麼享受用餐的快樂呢？

首先是避開爭執和地雷區。有兩件事是肯定的：沒有小孩會在跟你爭執了一個小時「吃一口就好」之後，還喜歡上那個食物。還有，在多數家庭中，孩子幾乎不會有營養不良的問題。（我們在下一節會討論病態肥胖與體重的顧忌，如果你擔心你的孩子有飲食失調的問題——這是早在幼稚園時期就可能開始發展的問題——那麼，你要找一位會聆聽與協助的醫師。）

對大多數人來說，通往快樂餐桌的道路，始於你和挑食小孩的對話。青春期，而且運動量大的孩子，也許會想找一些他願意嘗試的健康食物；小小孩也許願意玩玩「味道嚐試」的遊戲。你不妨在每週挑其中一餐，加入一種新的食物或新的食譜，或者，讓孩子幫忙做菜。我自己也曾經是個挑食的小孩，對兒時的我來說，比較可能喜歡上新食物，而不是改變對討厭食物的觀感。

莎莉．山普森（Sally Sampson）是非營利兒童烹飪雜誌《Chopchop》的創辦人、同時也是《對付挑食兒》（*The Picky Eater Project*）一書共同作者，她認為，對於（目前）沒意願改變的孩子，或者連建議都聽不下的孩子，你要把討論重點從他所吃的東西上轉移開來。你就烹調或客製有以他為考量的餐食，其他什麼也別多做。不過，你一定得要求他跟你一起坐在餐桌前吃東西。「不要關注孩子吃了什麼或沒吃什麼，也不要偷看，」她說：「相反地，問問他們今天過得怎麼樣，然後跟他們聊聊你那天過得如何。用你對待成年人的禮節對待孩子：不要逼他們吃他們不想吃的東西，也不要為了他們的選擇而大呼小叫。吃飯的時候，某個孩子的飲食狀況，不應該是聊天的主題。如果你需要聊這個的話，在廚房或餐桌以外的地方聊。」

有些家長會認為我們應該提醒而且鼓勵我們的孩子吃多一點或吃得均衡。住在阿爾巴尼的蘇珊說，她的小兒科醫師告訴她不必擔心兒子吃太多「使皮膚變古銅色的飲食。」一旦爸媽太關注，問題可能就會變得越嚴重。她處之泰然的手法，漸漸奏效了。如今她的兒子是個青少年，她說：「實際上他會嚐試一點從沒吃過的東西，所以啦，也許哪天就都好了吧……」對大多數的孩子來說，那一天真的會到來。「我那個以前只吃白色食物的女兒，現在三十五歲了，她什麼都吃，」我的一個朋友這麼說。換成我母親，也會說：「會越來越好的。」

的確會越來越好。就算沒有變好，如果你能欣然接受，他從你給的食物中選了自己要吃的東西，那麼，你對孩子的飲食以及跟孩子一起吃東西這件事，就會比較滿意。他吃進肚子裡的東西，並不是你們一起吃飯時唯一重要的部分。事實上，這部分可以說是最不重要的。你們聊天、歡笑、聚在一起，才是最重要的。孩子可以從營養劑中補充鐵質、從陽光當中獲取維生素D。但你無法從別的地方，得到快樂的家庭聚餐啊。

✓情況複雜？那就一切從簡

萬一你的孩子對食物過敏、小兒科醫師擔心你的孩子過胖，或者你或你伴侶有自己的食物難題要處理，那麼，把全家召集起來同吃一餐，就很難讓人覺得愉快。

在某些狀況下（好比處理生命會有危險的食物過敏時），要維持孩子身體健康，就意味著要調整全家人的飲食方式。在很多有食物過敏者的家庭裡，為了避免食物遭到汙染，幾乎全部食物都是自家做的。這麼一來，很多家有食物過敏兒的家長們說，就意味著全家人都要吃加工程度較低的食品、少吃零食、比較有可能坐在一起吃飯。換個角度想，這些，也算是不幸中的快樂希望吧。

如果你開始擔心你家孩子比他應有的體重更重（或者他自己先注意到了，那麼在開始恐慌並找上小兒科醫師之前，先停下來想一下：別忘了，進入青春期前的孩子，往往會有一段肉肉的階段。他們「在往上抽高之前，會先向外長肉，」馬雅・亞當說。只不過，這可能會讓有的孩子擔心，而且或許也真是某些問題的徵兆。不管怎樣，這倒不失是一個好時機，好好盤點一下你家的飲食習慣，看看是否需要做些改變。當馬雅有一個孩子開始擔憂自己的體重時，她就是這麼做的。

「我並沒有刻意改變菜單內容，不過，我發現自己處理的方式產生了變化。我會在平底鍋裡少加一點油或奶油。我減少了每週餐食中肉類的分量，在每個人的盤子裡多加了一些蔬菜。我還努力做出了一些吃起來還真不賴的蔬菜類菜餚，而且，我會先上這些菜（假裝其他食物還沒煮好）讓他們先止飢……」

雖然她沒有禁止零食，不過她自己用健康的食譜做了更多餅乾之類的東西。碰到晚上很想買外賣食物的時候，她會強迫自己不要這麼做。

「我一邊執行這些細微的改變（順道一提，孩子們幾乎都沒發現），同時才理解到：當準備餐食的人認真看待吃這些餐食的人的長期健康，那麼，做出來的食物往往也會比較好、比較健康，同時，料理者一旦做上手，食物可能也會更加美味。」

當你試著為孩子的健康執行細微的改變時，你需要整體調整你的餐食。不過，要是你家成員的飲食差異比較大的話（家裡有人是純素主義者[8]；或者你們希望在不改變孩子的飲食狀況下，減少碳水化合物或肉類的攝取），很多家長覺得「解構餐」[9]非常有用。這是一個也適用於挑食兒家庭的技巧。

珍妮．羅森思崔琪把這個概念稱為「文氏圖[10]飲食法」（Venn diagram eating）──食材交越性夠高，確保大家都吃同一道餐食，不過，食材彈性空間性也夠，可以讓討厭蘑菇的人吃到沒有蕈類的義大利麵。「你就把通常會混合起來的一道菜，好比拼盤式沙拉解構成不同的部分。這麼一來，有些孩子就會吃雞肉、酪梨、還有番茄；有孩子則吃水煮蛋、培根、還有萵苣，不過，都還是一樣的晚餐。」

住在華盛頓特區的梅麗莎．福特有對十二歲的雙胞胎，其中一個孩子有食物過敏，「食物和飲食對他來說真的是很大的壓力，」這對有食物過敏的孩子來說是常態。「雙胞胎的另一個是熱愛美食的人，很喜歡嚐試新的食物。」這位母親，做菜會把醬料分開放，然後讓部分食材不調味。他們把上館子當成其中一個孩子「嚐試新東西」的冒險，讓另一個孩子可以待在自己的舒適圈。

如果身為父母的你是那個面對食物時有難題的人——搞不好你自己就是挑食的人、或是你還沒從飲食失調中完全復原、或者你選擇了某種要小心維持的飲食法——那麼，你就需要用我鼓勵你對待孩子們的從容與尊重，來對待自己；然後，給自己同樣的彈性空間。把你不愛的食物盛到你的盤子裡，無須評論你自己選擇吃了什麼，也不必找藉口解釋，而且你要知道，孩子們正在觀察著你。

當妮基的八歲女兒問她：「媽，你們成年人是什麼時候開始不吃早餐的啊，」這位住在加

8 譯注：原文為 vegan，有別於 vegetarian 這個翻譯為「素食者」的詞，vegan 所指的純素主義者，不僅僅吃素，也不使用任何動物製品；為求方便，此處僅選譯為純素主義者。

9 譯注：原文為 deconstructed meal，原意是將一道餐食的依食材分開、同擺於盤中，由食用者自行再組合或挑揀要吃的東西吃。

10 譯注：在所謂的集合論（或者「類」的理論）數學分支中，在不太嚴格的意義下用以表示「集合」（或「類」）的一種草圖。用於展示在不同的事物群組（「集合」）之間的數學或邏輯聯繫，尤其適合用來表示「集合」或「類」之間的「大致關係」。

州、有四個孩子的母親明白，自己得有所改變了。身為一位恢復中的厭食症患者，她很嚴格控制自己的飲食。「我需要學會在飲食上照顧好自己、而不是否定我自己。」她說，與其在家裡儲放她必須抗拒的食物，她選擇了採買健康的東西。「我就專注想著，要讓我們大家的身體吸收健康又好的食物……。不但我自己這樣嘗試、我也鼓勵所有人傾聽自己的身體，問問自己『你真的肚子餓了嗎？』我不認為自己以前知道這些。」

雖然她自己還是維持少量的飲食，不過，她會做飯讓全家人都可以一起坐下來吃。「我以前很討厭待在廚房，因為用餐時間對我來說就是地雷區，不過，用了這個方法以後，」她說：「現在我覺得自己很擅長烹調大家都喜歡的餐食，所以，桌上一定有大家，甚至連我都會吃的東西。我們家用餐最棒的一點就是，大家都同在一起。」

把你們家對食物的價值觀──還有對他人的尊重──傳承下去

飲食，是非常個人的選擇。我們的選擇，往往也成為認同的一部分：「我是一個健康飲食者／什麼都吃的人／熱愛冰淇淋的人／不吃麩質食物的人。」一般而言，這些同時包含了接納其中一種飲食的方式，與謝絕另一種飲食的方式，或最起碼會把另一種方式擱置一旁——你不可能什麼都吃。這些選擇與決定，其實有著很多政治運作。無論你選擇的飲食反映了你的族裔傳統、或採納了一種特別的型態（吃當地食材、有機食物、新鮮食物）、或者你拒絕跟風或追逐潮流。不管有意無意，在別人的眼裡，你的飲食方式可能是一種批判。

它**的確是**一種批判。你已然替自己和家人做了你認為適切的抉擇。困難的是當你的選擇跟別人的選擇重疊與互動的時候：輪到你準備幼稚園點心的時候；你家小孩的朋友來家裡吃午餐的時候；你們家和另一家人一起出去聚餐的時候。

那些情況可能會放大我們所做的選擇——還有，我們的孩子也會，如果他們很小就會跟彼此說自己吃了什麼東西的話。這可能會讓他們感到很困惑。為什麼拉娜說奧利歐餅乾超美味，可是喬納斯說它們是毒藥呢？你也許不會大搖大擺地批評其他人的飲食選擇，不過，對小孩子來說，比較彼此或大家帶的午餐，看看異同之處，而且就算沒有人質疑也要替自己說話，這些都是很正常的。孩子們對你們家食物選擇的認同度，可能比你原本期待的還要高。麗莎的女兒小時候，他們家「過去在家裡經常貶低麥當勞。結果某次活動後有個媽媽很好心地提出要帶一群小朋友去麥當勞，我女兒立刻說：『噢，不會吧，我爸媽不會讓我去那裡吃東西。他們覺得那是垃圾！』」茱莉曾經跟一群參加完學校派對的三年級學生一起走回家，聽到其中一個人

「批評那天班上吃的生日杯子蛋糕，還說因為那些是直接在店裡買的。」那麼，你要知道，你聽到他嘴裡說出來的話，是他爸媽的話——同時，你的孩子也會用同樣那種自以為是的語氣，重複你說的話。

試著講些話給孩子聽，讓他們能照著他們的方式吃東西（也就是你的方式）但不會傷害別人或被別人重傷，同時，讓他們準備好迎接差異。我們有些非常親近的親友是純素食主義者，換句話說，從我家孩子非常小的時候開始，我就一直跟他們聊為什麼我們吃蛋類、乳製品，還有肉類。同時，我知道，另一方面我們的朋友也做著差不多的事。讓孩子知道食物選擇背後的思考邏輯，同時試著教育孩子，不要把那樣的思考邏輯，強加於別人身上。

我們真的不需要所有人都用同樣的方式飲食才能快樂，也不需要大家都健康、或有道德、或對環境負責，才能開心滿足。我們甚至不需要老是用同樣的方式飲食。我們現在只需要滿意自己飲食的方式、共享我們的餐食、同時保留空間給日後其他能在飲食方面議題上找到快樂的方式。

✓做出讓你自己快樂的決定

雖然你的目的是為家人做菜，同時你也是為自己做菜。所以，為什麼不做你最喜歡的菜，管他其他家人是不是真的喜歡呢？我之所以很享受我們家的大部分餐食，其中最重要的理由之一，就是我一定都會先顧及我自己的口味，最起碼會平等看待我自己跟其他人的口味。這一點跟我的調查研究結果一致，不論是問卷調查或個人故事蒐羅都一樣——碰到餐食（還有全家度假）相關的事，會考慮所有人的偏好而做決定的爸媽，跟那些以孩子口味為依歸的爸媽相比，前者比較快樂。你可能會做一些專門討好你家孩子的餐食。那麼，也特別為你自己做吧。

如果整體而言你沒有碰到什麼烹飪和飲食相關的問題，不過，你就是無法從中得到快樂，那試著用一個適合你現在生活的方法，來個大改變吧。例如：如果你不太和自己的孩子一起做菜，那就找他們一起來準備餐食或是偶爾全交給他們負責。另一方面，假如你身邊總是有小小幫手，那麼，換個方式，你自己一個人做菜吧。享受一下食譜／食材配送服務、煮早餐會吃的東西當晚餐吃、跟大家說週五訂為比薩日。總之，找出一個讓你快樂的方法。

晚餐是你們大家在一起的時光。它反映出你的生活全貌：有些晚餐時光很棒、有的很糟糕。有時候席間對話既討喜又深入，有時候內容奇怪又好笑，有時候怒言相向，有時候除了埋怨外沒什麼意義。有的餐食很美味，有的還算能吃，有些則難吃無比。你們一起聚在餐桌的方式，也會反映出你們在外面與人相處的模式。因此，如果有哪種方式不是你希望的，或者讓人不怎麼開心，那就改變它，而且你有很多年的時間可以搞定這件事情。

家庭晚餐的重點雖然是晚餐，但首先，家庭才是它們的重點。所以，關於快樂一點的家庭晚餐，我最後的建議就是：**坐下來，吃飯**。不要像一個服務生那樣上菜。要坐在你自己的椅子上好好享受這一切。如果你沒有跟大家一起吃，那就不是家庭晚餐了啊。

第9章

特殊日子總是令人「難忘」

每次我們全家去度假時，一定有某個時間點，我會發誓再也不要全家度假了。就像克莉絲汀・豪爾頓（Kristen Howerton）在臉書上提到她帶四個未滿十歲的孩子出發去馬丘比丘（Machu Picchu）旅遊時說：「出發嘍！帶著孩子去世界奇景前面唉唉叫！」

和孩子一起的假期（還有生日、節日、學校放假、以及稀有的「閒暇時間」）應該要很好玩。不過，我們都很清楚，好不好玩不確定，但肯定要花很多工夫。拿度假來說，你要規劃、打包行李、在不熟悉而且沒有兒童防護的空間裡控管小小孩；要跟大一點的孩子爭執該不該把手機收起來、要不要關掉視頻、或者是否要把書放一邊看看窗外等等。旅行時（通常是好幾週，如果你在美國的話）你家小孩在放假，可是你得工作，既累又花錢。生日和節日則會有家庭的壓力和孩子攝取過多糖分、太晚睡覺，以及你希望孩子們表現良好結果完全相反。呃，說到這兒，大家開心了嗎？

什麼出了問題呢？

「期望」這個詞，就是讓這些特別節日可能會變得特別糟糕的根本原因。對於父母來說，日曆顯示紅字的日子都會有很多惱人的事。雖然我們也知道，這些是孩子會記得的時光，而且我們希望它們是美好的回憶。

度假也要承擔類似的壓力。度假對成年人的健康與生產力有益，對兒童與家庭也有好處。會旅行的孩子可能比較有適應各種環境的能力、比較具備好奇心、會更加認識周遭的世界，而且，受訪的家庭回報研究人員時說，他們覺得度假時，家庭成員關係更緊密。（這份研究來自迪士尼出資的調查研究，因此我們或許不應該全信；因為他們並未問這些家長，看到一個米老鼠耳朵的標價牌，是否會感覺壓力又大了些。）

假期本該讓人放鬆、恢復活力，是修補關係的時機。可是，我們美國人把自己的放鬆裝進了一個非常小的空間當中。大約有四分之一的人完全沒有有薪假，其餘的人平均一年有十三天的假期以及額外八天的有薪假。這些時數，根本不夠應付家庭相聚所需要的全部時間，而且，我們當中有很多人，若不是沒把假休滿，就只會去水上公園，然後光顧著保護自己的筆記型電腦不被水潑濺到。

一旦假期開始，我們就會被那一整套「應該怎麼樣」的問題搞得憂慮不快。我們很少人下午的時間或週末白天會跟孩子在一起，尤其是當孩子們已經過了上小學的年紀之後。就算下午時間或週末白天跟孩子在一起的爸媽，也大多把這些時間，用來接送孩子去參加以孩子為主的活動、練習、還有授課，而不是讓全家用來做些沒意義但好玩的事。也因此，當假期一到，我們抱著特別強調自我放鬆、恢復活力、修補親子關係的規劃，燒著假期天數和金錢這類的珍貴資源，還冒著因為離開辦公室所以自個兒生計可能不保的風險，就只為了跟我們這些親愛的後代相處——而**他們好像不太買單**。

就這點來說，家庭假期「會出現的問題」跟年齡和情況有關，不過，可能會出錯的問題實在太多了。孩子在飛機上生病，然後傳染了度假中的所有家庭成員；租來的車冷氣壞了；或是窗戶卡住關不起來；到了飯店大廳，迎接我們的是工作上要處理的緊急事況；青少年孩子一副無聊而且不怕你知道的事情；你殷切企盼的露營地或水上樂園，因園區維護而暫時關閉。就連大家對假期的回憶，可能也不是你熱切希望的那樣。婕西卡．桑德斯（Jessica Sanders）是《地球上最快樂的部落格》（*The Happiest Blog on Earth*）格主。這位有三個孩子的猶他州母親說，她跟先生存了一年的錢，才帶孩子去迪士尼樂園玩。「我們在度假村待了兩天，在沙灘待了幾天，還花時間探索了洛杉磯的博物館與景點。我們做了好多超棒的事，是大部分孩子都還沒能體驗呢，」她說，誰知等他們回到了家，她的公公問她家的四歲孩子，最喜歡那趟旅行的哪個部分。「她說：『爺爺！我們竟然可以去吃三次麥當勞耶！』」

如何恢復家庭時間的樂趣呢？

我把生日、節日、假期還有一般的閒暇時間放在同一章裡，因為它們有兩個共同點：首先，要「搞定」它們讓人壓力很大；其次，我們在非好玩不可的要求下想要真正感到開心的唯一方法，就是設法改變那個心態。當然，有很多辦法可以改善並簡化問題，我在本章最後一節會盡量多提供給大家。不過，在任何小技巧和小撇步協助你改善家庭假期和幼兒生日之前，我們得先讓壓力釋放一下。沒錯，假期、節日、生日、還有閒暇時間，都「應該」讓我們留下珍視的家庭回憶。它本來就會，幾乎沒有例外。就算／尤其當情況跟計畫有所出入時，也仍然會留下你我鍾愛的家族回憶。

✓改變你的說法

感覺上，假期和特殊節日這種是比較稀少、比較重「質」的家庭時光，但實際上它的「量」也不容小覷，足以變成家庭傳統，甚至讓你覺得自己好像「老是」在做這些有的沒有的事。一如哈利．洛特巴爾特（Harley Rotbart）在《教養不留遺憾》（*No Regrets Parenting*）裡所計算的，從孩子出生到他十八歲生日為止，你會有九百四十次的週六、十八次耶誕節、十八個暑假，以及為數眾多的家庭假期。沒錯，這些特殊節日相對比較珍貴，似乎不容出錯，於是爸媽就會備感壓力。但如果你想到它的數量其實並不少，那就有出錯的空間了，更重要的，有時不太做什麼也沒關係。

要想緩解假期和節日對爸媽的壓力，首先就是欣然接受「完全不做安排」這個概念。意思就是，那天早上你醒來完全不用執行任何規劃，只要去做你想做的事，接著做其他人想做的事；你就安插三餐或任何攸關個人衛生不得不做的事，最後，不知不覺中，你們已經準備要上床睡覺了。沒有跟誰家的孩子約好了一起玩、沒有上課、連找餐廳預訂晚餐都不用。只是過個隨遇而安的一天或幾天。

問題出在我們很多人，特別是美國人，對於什麼都不做，很容易感到惶恐。根據希爾頓國際飯店所做的一項調查發現，超過一半以上的攜眷旅客表示，他們在自己的假期中安排了太多活動，以至於等他們回家後還需要一個「解脫假期的假期」。「大家普遍覺得：我們孩子的時間、我們和孩子相處的時間，都應該要充分利用。」《少女心事解碼》的作者麗莎．達摩兒說，「我們總想要完成那個遙遠的目標，讓我們孩子長成還可以的大人。其實我們也不知道那個目標到底啥模樣，不過，我們總覺得，跟孩子一起看網路影片，跟那個目標無關，但接送他們去上芭雷舞課，似乎就有關。」

達摩兒主張，我們和孩子相處的所有時間，不管是不花大腦地看電視、大聲朗讀書的內容，或者只是共處在一個空間裡，偶爾彼此依偎、分享手機上的新聞頭條……這一切就能成就些什麼。

假如在你規劃假期時，把「什麼也不做，只是瞎混」當成目標之一的話，那你已經為自己設了一個美好而肯定可以突破的低標準了。娜歐蜜．哈達威是維吉尼亞州的一個國際社群網路的創辦人，她在歷經了一個冗長的學年以及大小活動之後，就跟她的兩個孩子（十一歲和十四歲）暫停所有事，「連一個活動都沒有報名參加。」那個暑假裡他們「睡到很離譜的時間才起床，幾乎每天晚上過了十二點都還在熬夜。我們吃很多冰淇淋，帶狗狗散步、探索附近的各家咖啡廳。」

規劃一些不排定活動的假期，真的可以改變我們和孩子互動的方式。很多時候，假期讓人不快樂的重點在於「必須」這個字眼。我們必須出發了。我們必須準時。我們現在就必須坐進車子裡了。突然之間，原本應該是好玩的這件事，就會變成了一種育兒難題。就像住在緬因州的童書作家茱莉·法拉科（Julie Falatko）說的：「有時我會感覺，旅遊就像管教孩子的另一個新場合罷了。」

讓全家人擁有更多真正空閒的時光，無論在家也好、外出也罷，或許有助於緩解那種一直當值班管教人員的感覺。假如你不需要去哪兒，那麼就沒有必要拉著孩子們進車裡。這同時也讓你們大家有機會一起做決定，而不是「聽好了，你選一件我們度假時要做的事」。相反地，要是行程自由度很高，那麼每個人都可以出意見。「我們拋開了用餐規劃，最後一刻才決定要上哪兒吃什麼，」哈達威說。少一些「必須」，意味著對大家來說更放鬆的態度。

這種沒有既定規劃只是大家相處的事，是需要練習的；尤其如果你們家只會靠螢幕時間來打發無聊的話，或者，如果小孩容易把這時間用來吵架打架的話，你更需要練習。不過，還是盡量多找機會這麼做，特別是當孩子已經大到了可以自娛的年齡，那你會開始很渴望這種完全不規劃的時間。這種「什麼都不做的一天」會變成一種假期的理想狀態。很多家庭（我家也是）在規劃假期時，會選擇那些允許突然改變行程的飯店或度假屋。

不做規劃，也可能意味著你已經有所規劃，但樂於那些規劃被改變。住在維吉尼亞州溫徹斯特郡的茹絲・勞說，在和兩個兒子一起度假數年之後，她學會要採取比較放輕鬆的方式。「現在我們不會硬把什麼都排進來，而且我們也不太安排不能更改的計畫。」她說，有年夏天，在要去動物園的路上，看到了一個模型火車展的告示。「所有的孩子都想去看火車，所以我們就放棄了動物園，悠哉地花了一個美好的上午，在有遮蔭的模型火車展裡閒逛，跟當地的人聊天，然後，無意中還發現了一間超棒的小咖啡廳，接著在草地上野餐。」過了一年後，她的孩子們（四歲和五歲）還會聊到看模型火車的那一天。「而我也還記得那種跟我的孩子探索生活的感覺，真的挺甜蜜的呢。」

當你習慣了悠哉後，要好好想想這些假期或是節日的真正目標是什麼。是去「看看大峽谷」、「慶祝感恩節」嗎？「我們最終才了解，跟孩子們去度假，其實是大家一起出門去，」法拉科說：「重要的是要做點值得回憶的事。」根據我對兄弟姊妹的調查研究發現，在一個兄弟姊妹共同擁有快樂回憶的家庭裡，所有的吵鬧就無所謂。而那些美好回憶，往往就是在家庭假期和節日裡發生的。**充分享受正能量**。法拉科說，「那是一種強化的共同感，它會讓我們都記得大家最初喜歡彼此的那一點。」

旅途中的家庭

假期或家庭節日要是牽扯到打包行李出門的話，幾乎沒有家長不會備感壓力。有那麼多要記住的事、那麼多要規劃的事、那麼多要打包的東西。我們要怎麼在四趟飛行、一趟租車自駕、以及住宿在兩個不同飯店的過程中，還能享受這趟旅程呢？

✓孩子比你想的厲害多了

在我的小孩三歲、五歲、七歲的時候，我們全家帶著孩子去了一趟中國領養最小的妹妹。當我們到達北京的第三天，中國政府為了對抗禽流感的蔓延，就把我們隔離起來了。他們把我先生送進了醫院，我們其他人則被移置到一間隔離機構，裡頭的政府雇員只有一個會說英文。那時每天溫度都在攝氏三十幾度。那間飯店沒有空調，娛樂選項只限一面單一的羽毛球網，還有一座多年未使用的噴泉池，裡面養了錦鯉，有的還翻肚了。每天三餐是吃到飽的中式自助餐，而且並沒有兒童餐（雖然有一天的早餐是饅頭夾熱狗）。

顯然這並不是理想的假期情境，不過，如今回想起來，我領悟了：所有和孩子旅行會讓我驚慌的那些事，真的都不算什麼。沒有零食，不是什麼危機；不熟悉味道的食物，也不是危機

（而且，因為沒得選擇，所以孩子看見什麼就吃什麼）。看電視和玩電玩都受到極大的限制，這也不是危機（那是大概在平板筆電問世前一年左右發生的事）。雖然他們又熱又無聊，但話說回來，誰沒有又熱又無聊過呢？那是很超現實的一週（而且是讓人非常恐懼的一週），不過，當我們終於確信他們不會帶走孩子，以及最後放我們走之後，這週也沒那麼糟糕。

雖然我們大部分的人，不會把自己不盡完美的假期花在政府的隔離檢疫上，不過，在排除恐懼的因素之後，孩子可以忍受的遠比你我想得還多。你不用隨時想辦法讓他們不無聊，也不必管他們是否喜愛每一餐。他們可以為了自己喜愛的人，幾個小時，或甚至幾天，去做他們不喜愛的事，當然，或許他們心想穿著化學防護衣的人已經帶走了巴拔，有可能會回來把馬麻也帶走。當你和一個兩歲大孩子被困在機場六小時，沒有什麼神奇魔法可以把這件事變輕鬆，但如果是年紀大一點的孩子，他們忍受糟糕狀況的能力，會比你預期得更強。不妨事前先跟他們聊聊你會怎麼面對艱難情況（或是難搞的大家族親戚——如果這可能會遇到的話）。

✓讓孩子幫忙

假期之所以沒讓父母快樂，原因之一就是度假前的準備實在太麻煩了。籌劃假期、為假期打包行李、還有規劃與操縱假期，這些感覺起來就像一份工作，而不是樂趣。

不妨讓孩子幫忙。你可以列表給一個年幼孩子，讓他幫忙收拾：五套內衣褲、三件上衣、還有三雙短褲——就算你事後必須重挑也無妨。你可以要他們選一本書，並把蠟筆放在隨身的小包包裡面。也許年幼的孩子幫不了大忙，但他們可以學習。一個六歲孩子，應該有能力把旅行要帶的衣服拿出來，並徵詢你的同意。九歲孩子應該有能力自行打包他那一半的行李箱，雖然你可能還是需要檢查、確認他沒有選了那件他最愛但褲襠破洞的棉褲。到了十二歲，小孩應該會好好想想你們在那裡會待幾天，以及你們會做什麼，然後自己列清單。

假如你們的目的地允許你帶錯物品（比方說，到某個親戚家裡住），那就不要檢查他們的準備工作，讓孩子們承擔忘記帶泳衣、內褲的後果，然後跟表親借，或去賣場購買。就算一旁的家人正不耐煩地等著要出發去沙灘，也不必太譴責他們。打包行李，是一項重要的生活技能。

《快樂家庭的祕密》作者布魯斯．法伊樂建議讓孩子們參與規劃工作，讓孩子們選擇想去的地方或想做的事，仔細籌畫細節，甚至，當孩子年紀大一點以後，讓他們做決定或讓他們安排細節。例如，可以讓年幼孩子去查清楚該怎麼走到登機門，或者搜尋某些特定的東西，例如附近的迷你高爾夫球道。讓他們看看該從哪裡出發。你可以說：機場的大地圖在這兒、我們要遵循的路標長得像這樣，或者協助他們認識搜尋的字眼，然後，退到一旁讓他們接手。

孩子們的參與，會讓整件事情變得比較像團隊工作，同時，還可以幫助那些一旅遊就開始焦慮的孩子，讓他們感覺自己有某種掌控旅遊的能力。隨著他們的「小忙」變成的真正的幫忙時，他們的參與就會變成家庭旅遊的快樂音色，因為這又增添了你們大家同舟共濟的感覺。而且，你就不需要幫五個人打包行李了。

✓什麼都輪流做，包含抱怨也是

規劃旅行的時候，盡可能把每個人想要的都考量進來——也就是，「輪流」做某個家族成員在乎的事情，也「輪流」被抱怨。我喜歡逛書店。我最小的女兒喜歡糖果店。我們的旅行有足夠時間兩個地方都去，而且，當小女兒一直黏在糖果店看店家拉太妃糖的時候，其他人問到底可以走了沒——這，很公平啊。

「面對現實吧，」住在紐約的心理分析師、作家、有兩個女兒的克勞蒂亞．露伊茲（Claudia Luiz）說，「在整個假期中要每個成員都快快樂樂、甚至從頭到尾表現得成熟，根本不可能啊。」她這個講法也包括父母，所以她建議：就讓大家輪流不開心。她所謂的「不開心」，指的是抱怨、生氣、難過、氣餒、心煩，還有其他所有的負面情緒。

那要怎麼做呢？你想像有一名女兒哀求著要綁短馬尾，而媽媽急著找梳子卻找不到，眼看距離跟外公外婆在飯店大廳碰面吃早餐的時間只剩三分鐘。**我才不要把整個假期花在找東西上**

面！她在廁所裡乒乒乓乓的，這時其他每個人都可以選擇：加入，或者什麼話都別說，就讓她生氣，再不然，幫忙找梳子也行。

你不需要進入他人情緒裡，這句箴言，也適用於度假或過節的時候。當家裡有個孩子因為冰棒掉在地上而崩潰時，他的兄弟姊妹可以選擇不要跟他的指控（**你推我！**）計較，而他的父母可以選擇不要加入這場「比誰聲音大就可以再買一支冰棒」的比賽。就算我們對假期跟節日不抱任何期待，但它們還是可能會讓人壓力連連。爸媽會擔心一切雜七雜八的事都要照顧到；孩子們則會處在一種不自在的狀態下。

「最難的部分，就是緊張與氣餒是非常具有感染力的。」露伊茲說。度假原本是很好玩的事，結果孩子不開心，爸媽看了也會很煎熬。「如果大家都很疲累的話，那有不滿情緒也不奇怪。」一旦發生了這種事，不妨向大家宣布，讓他們抱怨發脾氣，這樣可能有助於紓解大家的情緒。當然，你自己要很努力克制，盡量表現出大人的成熟樣。在這種情形下，有一兩個孩子搞不好可能也會模仿你的表現。

露伊茲說，這一種大家輪流發洩情緒，不必然是公平的。有的家庭成員，就是需要比其他人多「輪」到幾次發脾氣的機會。例如我的小女兒不喜歡旅行，無論是主題樂園或美術館都不喜歡，而且每一次都會有特定事情會出錯。我們跟她奮鬥了好多年，也想辦法忍受；現在她十一歲了，她知道她自己的怪毛病，只要我們提醒她，她通常就有能力不讓這種生氣的戲碼上演。她的兄弟姊妹已經學乖了，不會隨她起舞，但他們的確也會因此而覺得氣餒，這很合理。每一次的旅程也許是新的，但我們還是會帶著舊的自己隨行。

✓要孩子配合你們之前，先配合孩子

這個聰明的建議，來自於威斯康辛州麥迪遜郡的作家、藝術家、兼演說家的傑森・科特基（Jason Kotecki）。「我老婆和我願意去做一些我們不太感興趣的事（例如，當我們只想倒床大睡的時候還是陪孩子去飯店的游泳池），這樣，我們就可以要求孩子去做他們不感興趣的事（例如，很有耐心地在餐廳等空桌）。你不能光只一直要求孩子這個那個。」他說。

尤其對小小孩來說，「之前」的部分才是重點。通常，要他們耐心等待就已經很難了，如果你的行程安排還要他們先接受不熟悉的事物、要乖乖坐好、要在陌生地方睡覺，那就難怪他們發飆。不妨先規劃能滿足他們需求的活動，這樣會讓長時間的旅程進展比較順利。「但是，爸媽也不應該把所有時間都花在滿足孩子隨時變卦的奇怪要求上。」科特基說，爸媽要求孩子配合，本來就是大家說好的一部分啊。

✓成年人也有權利玩樂

希爾頓國際飯店的調查發現，帶孩子旅遊的爸媽，有超過一半的人會把孩子的快樂當成假期的第一要務。這是不對的。度假中的成年人也有權看看他們希望看的東西、做他們想做的事，如果這表示孩子必須排隊看《蒙娜麗莎》畫像，那麼排隊又何妨。我們的調查發現，那些快樂的爸媽在規劃假期的時候，會同時考量父母和孩子的興趣；到倫敦旅遊時不需要全部只為了哈利波特，而且也不需要每次家庭旅行都去迪士尼樂園。

✓找出你的五樣首選

你是否注意到，自己的度假計畫經常被旅遊指南左右？或者，被書裡「孩子必去的十個地點」左右？那些地方或許都是很棒的景點，只不過它們不一定包含你個人最想去的地方。我從小就跟爸爸旅行，他是火車迷，而我們的旅行總是包含當地的鐵道或交通博物館（以及經常搭火車欣賞沿途優美風景）。我們有朋友會去探索羅馬遺跡、去採集化石、或去泡溫泉。我先生喜歡騎腳踏車，而孩子們喜歡糖果店（那種製作地方特產的店、或當地做奶油軟糖的店），所以行前我們會鼓勵孩子們讀一下旅遊指南，挑出他們有興趣的景點。有時他們所選的真的很特別，有時只是極平常或隨處都可以做事情（噢，看啊，又是一道人造的戶外攀岩牆。）但那也沒關係。

花點時間想想，度假時你真正想做的是什麼。我自己喜歡的五個旅遊首選是：

1. 吃。
2. 逛雜貨超市和農夫市集，或是上烹飪課。
3. 去看「時光旅行」之類的展覽，例如參觀舊農場和監獄工廠。
4. 逛街／爬山。
5. 在當地的書店找一本當地的回憶錄。

我的清單顯然還少了什麼，對吧？美術館。登上高聳建築頂層眺望風景這種人類固有的征服慾望，我也沒有，雖然我知道我的孩子會覺得這樣很棒。購物。劇場。賭場。酒吧。這並不表示做那些事情時我不會樂在其中，只不過，我並不需要覺得「必須」登上帝國大廈才算**見過**紐約市的話。**做你自己**。

當你規劃了自己在假期裡真正想做的事，也會比較容易理解和你一起旅遊的家庭成員真正喜歡做的事，反之亦然。

✓聰明消費

噢，「錢要花得值得」這種說法真是害死人。對我們很多人來說，活動亮點多一些但天數短一點的假期，可能會讓人比較開心快樂。「訂家庭套房很超值！」住佛羅里達州的網頁設計師艾許莉說：「有第二間房能哄小小孩入睡、還能跟其他人廝混，這才成所謂的假期。我曾經跟老公趁孩子們都睡了以後，在浴室裡面看網飛（Netflix）的影片。我真的寧願訂好一點的房間，提前一天離開。」住加拿大、有三個孩子的母親凱莎也這麼說，她還補充說：「度假沒有性愛，一點也不好哪！」

對你來說，什麼才有價值？早上搭地鐵，對你們家人來說，肯定是旅遊的樂趣之一，不過，如果要是碰上中午地鐵班次間隔很久，那奢侈一下搭計程車也值得了。除非時間充裕，否則我們家向來不喜歡遠程旅行，因為那起碼要待上一週，才「值得」。不過，去年我們跟朋友一同去了趟英國度長週末。一開始感覺好像很愚蠢。誰會買飛海外的機票，然後（總共）坐十二小時的飛機，只去待三天半？結果那趟旅程是我們最成功的家庭旅遊之一。家裡喜愛旅遊的人，熱愛這個說動身就動身的概念，而家裡深受旅行壓力所苦的人，卻因為只要幾天就回家了，因此覺得很安心。就花出去的錢和獲得的快樂來說，那趟旅行出乎意料地超級划算。

✓什麼也不做，但是要走出戶外

我們當中很多人，會把接觸大自然和戶外活動納入假期規劃的一部分，不過，我們太常專注於去體驗這個啦（搭船、騎乘駱駝）或看看那個啦（間歇泉、峽谷），卻不會只單純置身戶外，在沙灘上漫步到晚上、或花四個小時慢慢地走平常花不到一半時間就能走完的步道、在公園長椅上一坐就是好久，而孩子四處撿拾松果和石塊、愛怎麼玩就怎麼玩。

置身戶外，親近大自然，真的會讓我們比較開心快樂。針對這個主題的重大研究發現：盯著尤加利葉樹十分鐘，會讓人更為仁慈；親近海洋和快樂感有相互關係；與大自然相處幾天，會增進創造力、增加注意力的廣度、降低過動和攻擊。到黃石國家公園的遊客，大部分都只在鋪道上走（而且有些人根本沒下車），其實你可以下車，來趟短距離的健行，而且你要是願意多待一會兒，也可以好好享受盎然綠意，同時，讓你的孩子們四處探索。

✓旅行中的三C時間

從我家大兒子三歲開始，每一年我們都會去一間海邊的飯店度假。每年我們在那兒做的事大同小異，只不過帶去的孩子越來越多，而且科技產品也越來越不同。

傑森．科特基保留了旅行中孩子使用科技產品的時間，「我會下載安裝全新的應用程式到他們的數位裝置上讓他們玩。有的應用程式是富有教育性質的，有的則純粹好玩而已。」有的爸媽，雖然在旅程中也允許孩子使用數位科技產品，但是一抵達旅遊目的地便限制手機的使用，他們擔心孩子們會像在家裡一樣玩遊戲、傳簡訊，把家庭時間丟一邊。「我們曾經帶孩子去迪士尼樂園，但卻覺得他們寧願待在家裡玩平板電腦，」有位母親如此抱怨。感覺起來，很難在數位科技產品的使用和家庭時間之間取得平衡，所以，完全禁止孩子使用數位科技產品，感覺比較簡單。

「微軟研究室」的主任研究員、同時也是《數位時代的個人聯繫》（*Personal Connections in the Digital Age*）一書作者的南西．K．貝恩（Nancy K Baym）表示，爸媽們應該要壓抑自己只不過因為討厭青少年「寸步不離手機」於是不經過討論就規定東規定西的衝動。她建議我們應該跟孩子聊聊那些數位產品在旅途中發揮了什麼作用。在社交媒體上分享度假照片？當然我們自己都有這種衝動，可是冷靜想一下，以前朋友這麼做時我們的感受如何？還有，一直在跟朋友傳簡訊？或許，他可以先跟朋友們說，他每晚都會查看簡訊，可是不會整天都有空。

貝恩博士說，青少年跟我們一樣，有時也會想擁有與世隔絕的時間，「只不過，我們不能假設他們想要的經驗跟我們都一樣。」與其猛然收走孩子的裝置因此挑起爭端，不如出門度假前先告訴你的青少年孩子，你希望遠離經常發生的爭辯，好好放個假，然後你們一起想出某些做法：例如訂出大家（包含成年人在內）都不用數位科技產品的時間，以及專門用來使用數位科技產品的時間。

✓不要挑戰年齡的限制

有些旅遊設施、兒童課程和營隊有年齡的限制，因為年齡太小的兒童，就算參加，通常也無法享受其中的樂趣。

我家大兒子兩歲的時候，我們帶他去迪士尼樂園玩。他當時年紀還太小，不能乘坐樂園內的設施，而且，在每一個有穿著角色服人員的地方或是施放煙火的場地，他都會尖叫。他最喜歡的是裡面的一個很平常的遊樂區。那次旅行我印象最深的是：在飯店區來回地走，想辦法要哄他小睡一下所以我們晚上才能再進園，我們邊玩邊抱怨，而他卻精神抖擻、開心地踢著小腳丫。他呢，什麼都記不得了。

與其如此，不如花錢請個保母照顧一下孩子，就算只是在飯店補眠也好。至於原本的計畫和目的地，留待你有準備好可以享受那些地方的家人再說。

✓規劃得像個專家

沒人比你更了解你的家人了：你知道你家的寶寶會炸屎，所以，要「準備炸屎袋」（把廚房紙巾、乾淨尿布、寶寶濕巾、浸了去汙水的毛巾、還有乾淨的換洗衣褲，裝在約四公升容量的袋子裡備用）；我知道我其中的一個孩子就是走著走著會脫隊的人，所以，我會在她的手臂上或衣服上寫上我們的聯絡資料，就算到了現在，我還是會預先告訴她，如果沒看到我們的時候，該怎麼找到我們；要打包零食以備血糖過低的時候吃；要幫需要和我們一夥人保持距離的孩子帶耳機；要幫衝太快然後擦傷膝蓋的孩子準備ＯＫ繃；列出三個大家結伴同遊途中萬一碰到緊急狀況可以投靠的商店；或是找一個離博物館夠近的公園，讓其中一位家長可以帶著靜不下來的孩子去那裡玩。

用你平常凡事做好準備的那種態度面對，就能讓你安然度過小小的災難，繼續下去囉。

✓節日要碰到的旅行和苦刑

你也許會想要辦一場完美的家族聚會，或者想把舉止有禮、乾乾淨淨、穿著得宜的孩子帶去參加節慶聚會。不過，講到和親戚過節，要處理的事很多，而且其中有許多根本不是你能掌控的。

之前那些針對假期的建議，在這個單元裡也大多適用。不過，提到家族節日，除了你要減少期待、設法享受當下之外，還可以加上這句箴言：**你不是獨自承擔這一切**。

這句箴言，可以就實際層面和情感層面同時都發揮效用。如果你碰到了物質方面的問題，例如為一大群人做菜、依照傳統習俗布置家裡、或戶外聚會上管三個五歲以下的小孩，那麼你可以、也應該尋求幫忙。這也許意味著你需要更多幫手；也有可能意味你需要有其他人負擔食材雜貨或酒的費用。

不過，如果在家族節日裡，你感覺一切都亂了套、而且都是你的錯，那這句「你不是獨自承擔這一切」的箴言就會真正發揮效用。事發當下，如果你沒有達到別人的期待標準（或你的孩子沒達到別人的期待標準），那或許只是那個人（你的爸媽、姻親、甚至是你的孩子）不肯妥協而已。

我的先生跟我都是在猶太教家庭長大的，而他的姑姑和姑丈謹守猶太教飲食戒律，也就是說（除了其他的飲食規範之外）他們不會在同一餐當中同時吃肉類跟奶類食物。以前當我負責感恩節餐的時候，會覺得要完全弄對餐食，壓力很大。我會超級擔心，不能上錯任何一道他們不吃的食物，然後得區隔開他們的盤子。我會做研究，確認每一種食材是否需要符合某些我不熟悉的標準。

後來我才了解，是我太想把事情做好了。我們的姑姑和姑丈只是想要享受一年一度的家族聚會，而且希望其他每一個人也能享受中，他們並不在意孩子是否塗了奶油在他們的餐包上，而且他們也不希望我為了熬煮肉汁而犧牲睡眠。並不是我不想為他們獻上美好的猶太教戒律餐，我還是想，只不過我現在明白，要是我犯了錯，他們絕對不希望我自責。他們跟我一樣渴望這個聚會成功，就這點而言，他們是最棒的客人。

也許在你的家族聚會中，並非每個人都會想辦法要達成這個目的，若是這樣，那就隨時提醒自己，要盡興享受當下。

✓改善慶祝生日的方法

當你不快樂的時候，你的孩子也很難快樂得起來。

在我準備要幫我女兒過生日的時候，這句話出現在我腦海裡。當時我們正在烘烤杯子蛋糕，我問十歲的女兒，她認為這些要拿進教室的點心是什麼樣子。

「應該就是我自己喜歡、其他人也喜歡的東西吧。」她說：「而且我不希望是太難做的東西，因為，嗯，是我的生日嘛，如果太難做，萬一做壞了，或是必須花太多時間，然後我就會很有壓力，媽媽也會在旁邊大叫，可是那是我的生日啊。只要是在這個特別日子裡可以跟朋友分享的東西就可以了。還有啊，我喜歡用半成品，因為做起來比較簡單。」

自己把生日和節日變好玩有趣，會讓你整個家庭覺得那些特殊場合變得更開心快樂。並不是一切都必須很完美，才能造就美好的回憶。用輕鬆的方式、和別人一起分擔工作，這樣大家都會覺得比較好玩，對小孩子來說尤其如此；小孩子，特別是在他們自己動手做的情況下，真的非常能容忍糖霜淋得不完美，或是上頭裝飾一蹋糊塗的杯子蛋糕。

要爸媽在不完美的慶祝會上感受到同樣的快樂，可能很難。過生日是非常社交的活動。當班上所有其他孩子生日的時候都帶來了杯子蛋糕，那就表示，你如果沒做杯子蛋糕，你家的孩子不只會失望，還會被挑出來評論。如果班上所有其他的孩子都辦了一場邀請所有同學來參加的生日派對，那麼，你可能會覺得自己也有必要做一樣的事。艾瑪·凱西（Emma Casey）和莉蒂亞·馬丁斯（Lydia Martens）合編的《消費與性別：家庭文化和日常生活的商業化》（*Gender and Consumption: Domestic Cultures and the Commercialisation of Everyday Life*）這本非常學術的著作裡便精心描述，我們常會困在想要達到完美的循環之中：

> 生日派對的張羅，極少展現出親／子關係的獨特性，而是廣義性別化交際的一部分。禮物和兒童的關係脈絡，便於一次次的有來有往中，流轉於這種性別化交際裡。兒童派對的性質越來越精美華麗，同時和物質文化、社交關係、以及商業密不可分——這種消費的形式，不僅僅

是女性家務工作的延伸，同時更見證了母職與消費相互建構的現象之所以產生的方式。

假如「一次次的有來有往」不會讓你想拿預拌蛋糕粉烤個蛋糕、把孩子丟去草地上讓他們在雪中或澆花灑水器底下玩的話，那我真不知道還什麼才有會有這種效果。如果，你會先思考你自己的能耐、極限和價值觀，然後再想想你的孩子要的是什麼，而不是糾結於社群裡「流轉的那種禮物與兒童的關係脈絡」的話，那你會更喜歡慶祝你孩子的生日。

對很多家庭來說，生日不只是一天的事，還是給學校同學、家人、還有朋友的多次慶祝活動。這並不是有錢人的專利。有一個住在紐約市某間流浪漢收容所、有個三年級小孩的母親告訴我，他們辦了三場慶生——一個是跟家人、一個跟朋友、還有另一個是跟收容所的社群。爸媽們想讓孩子在大日子那一天感覺自己好特別，而且，如果慶生派對或禮物在你們那裡是常態的話，那麼，想成功辦好生日很難。

去問問你的孩子，對她而言，什麼是重要的。兩歲的孩子或許會跟你說，她唯一要的就是隔壁的大孩子能到你們家作客。你要時時記住你自己的優勢、價值觀、還有預算。要是你運氣好，你家孩子夢想中的慶生派對，很簡單，但假如他要的是你不能配合的東西——要舉辦一個你負擔不起的可愛動物園派對，或者是要去彈跳床樂園，而你根本無法想像要開兩個小時的車帶他去的話——那麼，拒絕也沒關係。將來你孩子會記得的是你辦的那個慶生派對，而不是你沒辦的慶生派對。

你也不必非得照著「我們班每一個小朋友都怎樣」的習慣，就算孩子的學校這麼建議也不用照單全收。如果你喜歡大型、自家辦的慶生派對，那麼就放縱一下自己想烤肉的強烈慾望（除非你的孩子不喜歡人群）。另一方面，倘若為二十個三歲小娃舉辦派對（而且每個孩子各有一位家長或照顧者陪同）讓你懼怕，那就別做那件事，即便你家孩子已經參加過很多場類似的派對也不用有壓力。難道說有家長會說：「嗯……我們請了小芬妮來參加莉莎的生日派對，可是芬妮的媽媽沒有照著做耶，」然後把你從某個重要的社交名單上除名嗎？

相反地，你可以這樣想：也許舉辦大型慶生派對的人就是喜歡辦大型派對，所以何不妨設定簡單一點的標準，例如辦個邀請三五朋友來自己做冰淇淋聖代的慶生會，而且其他家長也會感謝你。如果你會擔心小孩子提到慶生會的事，那就把慶生會辦成驚喜慶生會，不然，就是在學校放假的時候辦，不過，你也要明白，小孩們遲早都會發現，不是所有的人都會受邀參加每一場派對。

不受邀參加慶生派對，那又怎樣？雖然我的確曾經擔心我那個一次又一次回到家跟我說自己沒有受邀參加派對的孩子。試著不要鼓勵你家孩子相信這套有來有往的制度，等輪到他過生日的時候，只邀請他想邀的朋友來，不要**多**想其他人、什麼時候邀請了誰這種事。（我之所以說「『多』想」，是因為我們極少數的人、還有極少數的孩子，會遺漏上週舉辦小型慶生派對還邀你們參加的人。）

如果你真的很擔心，由於你的孩子面臨社交困境或是因疾病或特殊情況而有特殊需要，以至於小朋友們不會來參加慶生派對，那麼，提前跟受邀小孩的父母談談，決定最好做法是什麼，不要碰運氣。

✓細細品味寧靜與瘋狂

從假期到節日到生日，這所有的時刻，都提供我們**充分享受正能量**的機會。總是會有混亂的時刻。還有些時刻，你夾在兩個世代之間：你媽媽就是搞不懂你女兒，而你爸爸覺得你的兒子是個不負責任的蠢蛋。話說回來，那就是你的家人。會有外頭閃電雷雨交加、得辦在室內的夏威夷主題戶外派對；還有你奉行純素主義的叔叔想辦法要叫你那嗜肉的妹夫改吃素、而你家的青春期孩子把自己鎖在廁所裡傳訊息的感恩節。在那些時刻裡，**沒有什麼事出了錯**，就算當你周遭的一切似乎都出了亂子也一樣。當然，如果你運氣好的話，也會有攪拌著熬煮肉汁的平靜時刻；很累很累但看到杯盤狼藉而有種幸福感的時刻；還有旅途中偶然在某個公園長椅上安坐著、看著你家所有成員做他們手邊事的那種時刻。那些是你的回憶，而且，你可以好好享受這轉眼就消失的美好。

—後記—

我變得更快樂了，那你呢？

寫這本書的時候，發生了一件不是太意外的事：我變得更快樂了，而且不只快樂一點點喔。

我這陣子正好在讀《丹麥一年：我的快樂調查報告》（*The Year of Living Danishly*），作者要各種丹麥人用一到十的分數量表，評估他們的快樂指數，結果幾乎人人都自評九分、十分。遠在美國的我，就算沒有像丹麥人的快樂，也會說，我從六、七分，變成九分，甚至可以說十分了。我可以想像，還有一些可能會讓我更快樂的事，不過，我想不出自己還能再多做些什麼了。九分很棒啊。九分的我，用來生氣抱怨、氣餒沮喪、心煩意亂的時間少很多，倒是多了很多時間處在一種快樂的平靜之中。我會留心注意一切順利妥當的情況，至於小事，很多我都不堅持。

當然啦，這是我要達成的目標，不過，結果也出乎我的意料。我沒料到自己做的改變，有如此的影響力。

為了撰寫這本書，我向白天的工作告了假，雖然我工作時間本來就很有彈性，可是也因為放下了工作，讓我在碰上一些臨時行程時比較容易因應，例如：當大家都需要健康檢查、看牙醫、眼科的時候；孩子輪流被病毒感染，連續好幾星期必須居家照護時；以及那些總在節日前後或學期結束時才出現的課外活動，以及參與學校事務的需求增加。

然而，真正發揮作用的，是我改變了自己的生活、改變了我告訴自己發生了什麼事的說法、同時也改變了處理危機的方式。這些，完全改變了我的人生。

我的做法有何不同呢？首先，我欣然享受著平凡事物。該開心快樂的時候，我就開心快樂。我提醒自己要記得，這我們選擇的生活和家庭，我們在這兒，享有自己要的一切。在本書的前言裡，我引用了蒙田的話：「我的人生一直充滿了蹇阨，只是大多沒有發生。」我不再執著於那些想像的災難，或是把自己的擔憂投射在一個遙遠的未來。碰上外面大世界的危難時，我會以正確的角度就事論事。如果是活在幾個世代以前，我的日常生活會困難很多。想想我們獲得的這一切：燃料引擎、抗生素、電、接生前會洗手的醫生。雖然我們仍處在一個有挑戰和不平等要面對的社會裡，但我們可以好好看看我們所擁有的一切。我想要快樂，結果，我也大有斬獲。

伴隨這些遠大想法的，是日常的小小行動。談到日常管教和手足間的尋常爭吵，那句**要是你目睹了什麼，不一定要有所回應**的箴言，一直都是快速有效的解決方法。我跟我在家庭作業那章寫到的那個老師一樣，她原本以為大家要她每天晚上派功課，而我呢，到現在還是常覺得，要成功把這些孩子養大成人，我必須在他們每次犯錯時都要糾正他們。當然，就一種完全正面且有建設性的方式來說，這一點也沒錯。如果他們出錯了，不管情節嚴重與否，我都需要立即教導他們才對。

但如果每一次我目睹孩子逾矩，就要想辦法回應的話，我說出來的話，數量肯定會多到蓋過品質。制止你的孩子然後對他說：「等一下，你覺得那麼做會讓你弟弟感受如何？」有時，這樣做是有用的，但如果每一次他們吵嘴你都這樣做，那你就會變成一個嘮叨母親。

我意識到，有更多的事情我必須放手不要堅持。他們的吵架，往往只是把對其他人事物的不滿發洩在家人身上而已；或者只是關於要看什麼電視節目或者誰要坐車裡哪個位子的這類小事而已。雖然他們選擇用吵鬧、尖酸刻薄來排除紛爭，達成共識，但如果當下我不開心的話，我也可以叫他們停止。我可以喊說，所有的人都給我住嘴。我不必挑出那個不講道理的孩子或對別人頤指氣使的孩子來加以責備。我不需要在乎這些。對我來說，碰到這些孩子，在他們這樣的年紀，多數時候我的正確決定，就是別理他們就行了。

我的女兒們最近從學校回家路上都在鬥嘴，她們一直會這樣。其中一人叫對方「沒用的傢伙」，而另一個就用一連串故意的惱人行為報復，甚至在想讀書姊姊身邊，邊繞圈圈邊著唱不成調的歌。曾經的我可能會想干涉，先阻止謾罵，接著阻止故意的挑釁（那些行為也把我搞得很煩）。如今我就不這麼做了。我會拿起我的筆記型電腦，什麼也沒說就就走掉了，甚至也不去關心後來怎樣了。她們之間其實並沒有真正火爆的吵架，甚至連爭執都不多。後來謾罵人的跟唱歌的，都覺得自討沒趣，不到半個小時後，她們就會在一起烤蛋糕。類似的劇碼，幾乎每天都會重複上演。這不是一個問題，而是一種模式。我不參與，它自然就慢慢平息。假如我介入，戲碼就要連續演到深夜。

我也試著不去看每一件紀律上的違規。這點又更難處理了。我們要耳提面命非常多次，才能讓孩子們把外套掛好、準時上床睡覺、或者在進電梯或公共場合與人交談時考慮其他人的感受。特定的事情幾乎會不斷上演。不要跑！不要跑！不要跑！**不要跑了**。要是我不說些什麼，往往他們什麼也看不見。話說回來，有時候，我就乾脆讓他們跑個夠，讓他們在雜貨超市大聲吵架。並不是每件事情都值得我批評責備。

我發現，我的每一個孩子都有一段比較難管教的時光，也就是說，常常都是四個孩子的其中之一不斷地被我警告，而其他三個則站在旁邊，一臉無辜、好像跟他們無關似的。孩子的難搞會一個傳一個，不過，雖然最後大家被管教的經歷都差不多，但我不喜歡一天到晚針對這個或那個孩子找碴的那種感覺。不斷地矯正，真的可能會在相處已經很困難的時候，耗損我們彼此的關係。當我的孩子用手吊在購物車前面時，我絕對不是什麼有史以來最偉大的爸媽。那又有什麼關係，我是個比較快樂的爸媽就好。

我在前言裡說過，快樂一點的父母，會從花很多心力照顧小小孩，變成在孩子年紀漸長時培養他們的獨立。我的孩子們，大致上已經算是「年紀較大」的孩子，這一點，就改寫了我的親職工作內容。很多事我不再幫他們做，而是教他們做、然後再交給他們自己做，就算這意味著家庭作業沒做完、衣服洗出來變粉紅色，或是練習不足導致他們在某個活動中沒被選上。

有的時候，做爸媽的要放掉對孩子的嚴密掌控，是很難的，而當你想放掉而身邊其他爸媽和你不同調的時候，更是如此。對美國人來說，擔心自己做的不夠，比起擔心自己做了太多，更為天經地義，所以，當我意識到自己在其他家長挺身介入的議題上選擇放手時，我也會質疑自己。（順帶提一下，那些快樂的丹麥人常會責備彼此工作過度、穿得太講究，以及過度干預孩子的教養。他們的社會有一個信念：大家都應該少做一點。）

我養育的不是完美的孩童，而是未來的成年人，而這看起來是有所區別的。欣然接納這樣的說法，讓我能更開心地面對那些看似失敗的事。想要學好怎麼當個成年人，是需要時間的。

我自己也都還在努力當中。我的孩子有很多進步的空間，而且，如果我不對他們管東管西的話，我們大家都會比較好過。

我還透過了一個非常平凡的改變，大大地增加了自己的快樂程度：我睡得更多了。雖然，多年以來，我一直以兒童與青少年的健康睡眠為題撰寫文章，不過，在寫晨間例事那一章的過程裡，我終於相信，健康睡眠的概念對我有用。我把自認天生夜貓族的想法擺一邊，採納了我自己提出的建議，從鬧鐘響的時間，往回推算我要幾點上床睡覺才能睡足八個小時，然後我就照著做。一開始我試了一週，接著又繼續實行了一週，然後再執行一週。我馬上就感受到差別了。雖然，要我早上六點二十分起床並不簡單，而且我一直沒變成那種早上起床會哼唱歌曲的人，不過，這一個簡單的改變，比起我嘗試過的其他任何方法，都讓我的耐性增加、適應力變強、反應更敏捷。我甚至還心不甘情不願地接受了研究結果所說的，週末時維持相同的睡眠習慣，對我們會比較好。雖然我會允許自己早上賴個床，但每天晚上我幾乎都在同一個時間上床睡覺。有時候我甚至會睡到九或十個小時。

有足夠睡眠的我，讓所有人覺得比較好相處（我自己也這麼覺得），而且更有生產力。這樣的我，也更有能力忍受孩子們的爭吵和管教難題，而且在問題當下，也比較能做出我事後比較滿意的回應。這樣的我，比較不擔心別人怎麼想、整體而言比較樂觀、而且腦中指責自己的聲音也少了很多很多。我更喜歡這樣的自己。

我試著要快樂、我放開更多的事不再堅持、我睡得更多——這一切加起來，再加上我邊寫邊做的其他改變，意味著我整個心態的一個大轉變。那句「要是媽媽不開心，誰都不會開心」的話，在我們家肯定適用。我有辦法召喚憂慮與憤怒，如烏雲罩頂，立刻感染大家。隨著那片烏雲散布，我所有感受到的情緒也迅速散布開來。就連我的小小情緒變化，也都會影響到我的孩子。如果我很急，他們也跟著急；要是我很焦慮，他們也會焦慮。而假如我快樂的話，大家都會比較快樂。

我比較快樂這件事，對我全家人的幸福快樂，帶來了著很大的影響。一直以來，我身為父母所碰上的最大困難之一，就是我的耐性不足；同時，雖然小孩們很容易察覺我們的情緒並將那些情緒反映到我們身上，但他們並不會依據我們的情緒來修正他們自己的行為。因此，往往在你過了忙碌的一天、當事情一件又一件不停地要你處理、當所有旁觀者都會說你付出的已經夠了的時候，孩子們卻還要求更多。他們生病、他們睡不著覺、他們最好的朋友剛剛傳了一則很傷人的簡訊給他、他們就是想不出來作文課要交的報告該怎麼結尾。他們現在需要你，而且你沒得選擇；一天都結束了，你卻不能打卡下班。

我的快樂程度越低，耐性就越快用光，而我的反應也讓我更加不開心。我會生氣不爽、做事不甘不願、有時還帶著惡意粗暴。我只是做做動作、擁抱也不帶情感、我心心念念的是自己的床。

而當我比較開心的時候，我就會比較有耐性。我會告訴那個已經第三次在地毯上吐葡萄汁的孩子說沒關係，而且我是說真的。我會抱著一直從手機傳來怒氣沖沖與排擠孤立訊息的孩子，給他一個安全慈愛的容身之處，即使他把所有的氣都出在我身上也沒關係。

雖然我並不完美（差得遠了），不過，比起從前我更加有能力用最好的一面教養孩子。而且，在我找到寬容的同時，我也發現，善用耐性讓我變得比較快樂。當我發現自己還有能力可以再為一個孩子、再做一件事時，我也給了自己點什麼。讓我把隨時要爆發、差點發脾氣或尖叫或大吼或哭泣時刻，轉變成了**充分享受正能量**的時刻。快樂是積累的。感覺正向的事情越多，就會有越多事情感覺正向。

每次我能做到這些，我就感到更加快樂，而且，我曉得自己越來越常做到。昨天晚上吃晚餐的時候，我的一個小孩從餐桌中間抽出了一張「對話卡」（放在一個盒子裡的卡片，用來鼓勵全家吃晚飯要聊天，但一般我們都沒有用），然後交給了我。「你來讀吧！」他說。

「你最棒和最差的特質是什麼？」

他們各自用獨到的方式分享了自己的答案。（「有時候我喜歡故意鬧人。」我家小兒子帶著淺笑的酒渦跟大家這麼說。）輪到我的時候，我先講了自己不好的那一面。「我真的很容易就會發脾氣，」我說：「我沒什麼耐性。」

「可是你有啊！」其中一個孩子說。「你很有耐性啊。你做事總是慢慢地，會等我們。」

「而且你不太大吼，」另一個孩子說：「還有啊，因為你很有耐性，所以你做出來的米香棒最好吃了。大部分的人都會把奶油或棉花糖烤焦掉。」這是耐性的最佳應用之一。

就像慢慢地、好好地**充分享受正能量**會讓我們更有能力看見周遭的美好，你越常去找出自己心裡那個充滿愛的耐性，以後要找它時就會更加容易。也許我的耐性比我想像得多，也許我還有更多沒利用到的耐性也說不定。不管如何，快樂都是自我延續的。身為一個家長，如果我越快樂，那麼，要感到快樂，就會越容易。

我還是跟我那四個讓人驚喜連連、美好可愛、討人喜歡、很難溝通、不好搞定、還經常爭吵不休的孩子同住一個家，外加一個同樣妙不可言但大致上沒有孩子那些特質的老公。不過不知為何，感覺起來我們好像還有空間再多容納一個成員。我一直不斷回想到丹妮絲·波普在家庭作業那一章的話，或是莎莉·山普森在餐食那一章說的話。那些話，歸結起來是同一件事：當我們不把所有精力放在叫孩子們完全按照我們要的方式吃飯、讀書、或做任何其他事，那我們就可以把精力放在更正向的用途上。我們可以討論其他的事情，例如鳥類、楓糖漿的生產過程，還有我們小鎮的政治。我們可以享受彼此的陪伴。我們可以一起快樂。

那麼一來，其餘的一切——從例行晨務到三餐、到難以處理的管教問題——都會有所改善。

我在前言裡就說了，我不希望我的時間花在被迫做個半死又心存埋怨中，老想著自己本來可以成就些什麼。雖然，我偶爾也會累個半死，或者，我們也會發狂似地從一個地點趕到另一個地點去接送孩子，然後又害怕自己在哪裡漏接了哪個傢伙。

就算是這樣也沒關係。這樣的日子是我選擇要的；就好像其他比較不忙、大家做事都不急不徐的日子，也是我選擇要的；還有另外那些也不怎麼忙碌、大家把時間花在挑戰彼此、想出有創意的新方法、宣告自己好無聊的日子，也都是我選擇要的。

這些全都是我要的。我希望它可以一直、一直這樣下去。但它不會。

話說回來，現在，這樣很好。

Education006

因為是爸媽，你值得輕鬆快樂每一天

──不需要多做什麼，只要改變觀念和方法

How to Be A Happier Parent:
Raising A Family, Having A Life, And Loving (Almost) Every Minute

作者 K.J. 戴爾安東尼亞（K.J. Dell'Antonia）
譯者 沈聿德
社長兼總編輯 馮季眉
編輯總監 周惠玲
副總編輯 洪 絹
編輯 戴鈺娟
封面美術設計 張世勇
內頁美術設計 張簡至真
出版 遠足文化事業股份有限公司 字畝文化
發行 遠足文化事業股份有限公司 字畝文化
地址：231 新北市新店區民權路 108-2 號 9 樓
電話：(02) 2218-1417 傳真：(02) 8667-1065
電子信箱：service@bookrep.com.tw
網址：www.bookrep.com.tw
郵撥帳號：19504465 遠足文化事業股份有限公司
客服專線：0800-221-029

讀書共和國出版集團 社長：郭重興
發行人兼出版總監：曾大福
印務經理：黃禮賢
印務主任：李孟儒

法律顧問 華洋法律事務所 蘇文生律師
印製 中原造像股份有限公司

2020年1月15日 初版一刷 定價：380元
ISBN 978-986-5505-10-3（平裝） 書號：XBED0006

因為是爸媽，你值得輕鬆快樂每一天：不需要多做什麼，只要改變觀念和方法 / K.J. 戴爾安東尼亞 (K.J. Dell'Antonia) 著；沈聿德譯 . -- 初版 . -- 新北市：字畝文化，2020.01
面；　公分 . -- (Education ; 6)
譯自：How to be a happier parent : raising a family, having a life, and loving (almost) every minute
ISBN 978-986-5505-10-3(平裝)
1. 親職教育 2. 父母 3. 親子關係
528.2　　108022765